Cultural Sociology and it's Vicinities

文化社会学界隈

Shun Inoue

井上 俊

世界思想社

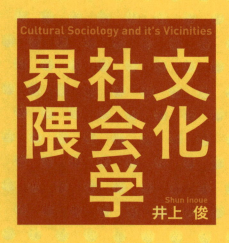

文化社会学界隈▨目次

I

文学と芸術

社会学と文学

1 「先行研究」としての文学

タイトルを「社会学と文学」といたしましたが、これは主として個人的な事情によります。私の場合、しばしば文学に助けられながら何とか社会学をやってきたような実感があるからです。

例えば、まだ研究者として駆け出しの頃のことですが、一九七〇年の春、塩原勉先生からお手紙をいただきました。秋の日本社会学会大会で「青年問題」というシンポジウムを企画しているのだが、そのシンポの報告者の一人として、「青年の文化・生活意識」といったテーマを担当してもらいたいというお手紙です。現在ではシンポジウムの企画は研究活動委員会の仕事ですが、当時はまだこの委員会は設置されておらず、たしかプログラム委員という方々がシンポなどの企画をなさっていました。塩原先生はそのお一人だったわけです。しかし、せっかくのお話ではありましたが、私には当時、青年問題、青年文化といったテーマについての研究歴はまったくありませんでした。自分はまだ若いと思っていたので、とくに若者について研究しようなどとも思わなかったのです。ですから、すぐに、その種のテーマについて勉強したことがないので無理ですと、お断りの返事を書きました。

しかし、その程度のことでは、なかなか許していただけないわけですね。すぐにまた返信が届きます。いわゆる大学紛争の余燼さめやらぬ時期ですから、青年の政治行動などについてはいろいろ議論もされていたのですが、「政治」的側面については別に報告者を立てるので、もっと広く「文化」の問題という面から扱ってもらいたい、先行研究など気にしなくてよい、というお話です。そうおっしゃられてもとても無理です……と、また返事を書くのですが、なにせ相手が塩原先生ですから、二度三度と手紙をやりとりしていると、いつの間にか押されてきて、しだいに引き受けざるをえないような雰囲気になってきます。

それにしても、手持ちのデータもありませんし、どういう角度からアプローチしたらよいのかも見当がつかない。仕方がないので、若者を主人公にした小説を読んでみることにしました。これは、その数年前に「恋愛結婚の誕生」という小論を書いたときに助けられた方法でした。恋愛を扱った小説には及ばないかもしれませんが、若者を扱った小説も少なくはありません。ちょうど前年度、つまり一九六九年度上半期の芥川賞が庄司薫の『赤頭巾ちゃん気をつけて』でした。主人公の「ぼく」は日比谷高校の三年生。東大をめざしていたのに、紛争で東大の入試が中止になってしまう。文体も含めて、当時の若者の感覚がよくとらえられていると評判になりました。

この小説は、J・D・サリンジャーの『ライ麦畑でつかまえて』に大きな影響を受けた作品です。

若い方は新しい村上春樹訳（『キャッチャー・イン・ザ・ライ』白水社、二〇〇六）で読んでおられるかと思いますが、一九六四年に出た野崎孝訳（白水社）もなかなかの名訳でした。さらに一九六八年から六九年にかけて、『フラニー』『ズーイー』や自選短編集『九つの物語』などを含む「サリンジャー選集」全四巻が荒地出版社から刊行されており、私も塩原先生のお手紙を契機に、この四巻本に読み耽ることになりました。と同時に、サリンジャーについての評論などもいくつか読みましたが、そのなかではイーハブ・ハッサンのものに興味をひかれました。

サリンジャーの小説の主人公たちは、ときおり奇妙な、意味のよくわからない行動をするのですが、ハッサンはそれらの行動を「ドン・キホーテふうの身振り」(quixotic gesture) と呼びます。ハッサンによれば、これらの身振りのなかに、サリンジャーの描く若者たちのやさしい感受性があらわれているのですが、にもかかわらず、ほとんど誰にもその身振りの意味は理解されず、しばしば場違いな、滑稽な行為のようにしか見えない。つまり、これらの身振りは、「愛の源泉」が凍りついてしまった世界、そして虚偽が蔓延する世界では、繊細な感受性や「真実への希求」というものが「道化じみた衣装のもとでしか生きのびられない」ことを示しているのだというのです (Hassan 1961＝一九七二)。

サリンジャーとハッサンのおかげで、ようやく若者を扱う方向性が見えてきたような気がしました。ホイジンガからカイヨワにつながる遊びの概念と聖‐俗‐遊の図式を補助線にして、当時の日本の若者たちの「ドン・キホーテふうの身振り」の解読を試みたらどうだろうかと考えて、なんとか報告の役目を果たしました。

それから三〇年ほど経って、また似たような事態なのですが、今度は研究活動委員の牟田和恵さんからファクスをいただきまして、一九九九年度の日本社会学会大会で「セクシャル・ハラスメント」をテーマにシンポジウムをするので、報告者の一人になってほしいというお話です。これも私にとってはたいへん意外なご指名で困惑しました。で、とうてい無理ですという返事を出すつもりだったのですが、ふと数年前にデイヴィド・マメットの『オレアナ』という戯曲を読んだことを思い出しました。

マメットは、日本ではそれほど知られていませんが、アメリカでは割に有名な劇作家だそうです。映画の脚本もたくさん書いています。シドニー・ルメット監督の『評決』(一九八二)、ブライアン・デ・パルマ監督の『アンタッチャブル』(一九八七)、アル・パチーノとジャック・レモンが好演した『摩天楼を夢見て』(一九九二)、ルイ・マルの遺作『42丁目のワーニャ』(一九九四)などは、この人の脚本です。しかし本業は劇作家で、『摩天楼を夢見て』の原作(*Glengarry Glen Ross*, 1983)でピュリッツァー賞を受賞しています。実はこの映画を見て、原作が読みたいと思いまして、丸善に行ってみたら、これ以外にもマメットの作品が何冊か棚に並んでいて、そのなかに『オレアナ』もあり、ついでに買ってきたのです。

『オレアナ』は一九九二年の作品で、各地の劇場で上演されるとともに、映画化もされたようですが、日本には輸入されなかったと思います。三幕の比較的短い戯曲です。登場人物は四〇代の大学教師ジョンと、二〇歳の女子学生キャロルの二人だけ。舞台は三幕を通じてジョンの研究室に固定されています。第一幕では、まじめでおとなしそうな女子学生キャロルがデスクをはさんでジョンに相談をしています。先生のおっしゃる通り先生の本も買いましたし、一生懸命に勉強しているんですが、どうしても授業についていけないんです。クラスでの討論も、よく理解できません。ですから、教室の隅っこであいまいに微笑んでいるほかないんです……と訴えます。会話が進むにつれて、彼女が経済的・文化的に低い階層の出身であること、強い劣等感にとらわれていること、などがわかってきます。ジョンはなかなかの好人物らしく、自分もかつては劣等感を抱いていたこと、大学の教員として決してエリートコースを歩んできたわけではないこと、などを話して彼女を励まし、補習授業でもして単位は何とでもするから……というようなことを言います。

登場人物は二人だけなのですが、ときどきジョンの奥さんなどから研究室に電話がかかってきて、ジョンとキャロルの会話を中断します。この電話の会話から、ジョンが今テニュア（終身在職権）をとれそうな状態にあること、またそれを前提にして家を購入しようとしていることがわかります。

第二幕になると、ジョンとキャロルがデスクをはさんで会話をするという舞台の設定は同じなのですが、二人の力関係が完全に逆転しています。第一幕から第二幕までの間に、キャロルがジョンをセクハラで大学当局に告発したらしいのです。キャロルが当局に提出した文書では、ジョンが彼女の肩に手をかけて抱きよせた、また二人だけで補習をすれば単位をあげると言われた、などということが書かれているようなのです。ジョンとしては、キャロルを励まそうとしたにすぎない言動をセクハラの文脈で非難されるのは心外だし、当てにしていたテニュアも危うくなるので、告発を取り下げてほしいと説得したり、懇願したりするのですが、キャロルは頑として応じません。

第三幕では、キャロルの背後に彼女を操っているらしい学生集団があることが判明し、告発を取り下げる交換条件が提示されるなど、新たな展開があるのですが、とにかく最後にはジョンがキャロルを口汚くののしり、彼女に暴力をふるうことによって、いわば破滅に追い込まれてこのドラマは終わります。

では、これはジョンの一方的な受難の物語かと言うと、必ずしもそうとばかりは言いきれないところがあります。とにかく、ジョンの授業のなかでキャロルが傷つき、屈辱感を味わったことは事実だからです。二〇年間にわたる努力によって築いてきたキャリアを失うわけにはいかない、と言うジョンに対してキャロルは、「おわかりですか。先生は私を辱める権利を得るために努力してきたんです」と言い返します。学生との関係において自分が否応なく身に帯びる権力にやや無頓着であったという意味で、ジョンも必ずしもノット・ギルティとは言えないわけです。

ジョンは何が専門なのか、マメットの脚本では明示されていないのですが、たぶん社会学、あるいは教育社会学かもしれません。ジョンにはアメリカの高等教育についての著書があり、これがキャロルのクラスのテクストにもなっています。授業中に彼はしばしば、アメリカの高等教育は「単なる儀式《リチュアル》にすぎない」とか「一種のお笑い草だよ」などと発言し、それがキャロルのノートにきちんと書き留められています。自分の特権と収入の源泉である高等教育制度を笑いものにすることで自分を正当化しうるかのように感じるジョンの微妙な自己欺瞞がそこに見られるのですが、「お笑い草」に苦労してお金を払い、懸命に勉強しているキャロルから見れば、それは自分のようなまじめな学生を侮辱する許せない発言です。ジョンはいわば座り心地のよい安楽椅子に深々と腰を下ろして特権と収入を享受しながら、片足でその椅子をちょっと蹴って見せているにすぎないのです。

『オレアナ』はキャンパス・セクハラを扱いながら、いわゆるポリティカル・コレクトネスの危うさや、教育における権力の問題などに触れた興味深い作品です。これを読み返してみて、結局、牟田さんには、お引き受けしてやってみますという返事をすることにしました。

新しいテーマを取り上げるとき、あるいは取り上げざるをえないとき、そのテーマに関する先行研究に当たるというのは、昔も今も変わらないやり方でしょう。しかし昔にくらべると、これはずいぶん楽な作業になりました。インターネットの検索に慣れている若い院生などですと、瞬く間に数多くの先行研究を見つけ出してきます。むしろ多すぎて困るくらいなのですが、多いわりには視野が限られています。つまり、社会学のデータベースに登録されている文献ばかりなのです。先行研究というものは一種のアジェンダ・セッティング機能をもっていますので、私たちはどうしてもそのアジェンダに拘束され、いわば大枠を決められてしまいます。その意味で、狭義の先行研究（社会学的テクスト）だけに頼らないこと、あるいは先行研究のカテゴリーを拡張してそこに他ジャンルのテクストをも含めて考えることが望ましいと思います。私の場合はたまたま文学的テクストであることが多いのですが、別に文学でなくても、映画でも漫画でも絵画でも何でもよいのです。

2 『アンナ・カレーニナ』から探偵小説まで

文学に助けられるという私個人の実感だけではあまり説得力がないかとも思いますので、社会学の歴史のなかから、いくつか例をあげてみることにしましょう。

例えば、デイヴィド・リースマンの「他人指向型」という性格類型があります。『孤独な群衆』のなかで、のちに広く人口に膾炙することになるこの社会的性格を説明するに当たって、リースマンはトルストイの『アンナ・カレーニナ』から、アンナの兄、ステパン・アルカージェヴィチ・オブロンスキーを例にあげています。オブロンスキーは三四歳、モスクワの官僚として結構な地位にあるのですが、かつて子どもたちの家庭教師として雇っていた若いフランス人女性との浮気がばれて奥さんと揉めている。そこにペテルブルクから妹のアンナがやってくる、というのがこの小説の発端です。

オブロンスキーについてのトルストイの描写を引きながらリースマンは、そこに「外界からの信号の敏速な変化に神経をとぎすましている人間像」が見事に描かれていることを指摘します。オブロンスキーは現代の他人指向型の完全なモデルとは言えませんが、いわばそのプロトタイプなのです。さらに言えば、おそらくオブロンスキーは他人指向型という概念そのもののプロトタイプでもあると思われます。たしかにリースマンは他人指向型の例証としてオブロンスキーに言及しているのですが、それは記述の便法で、実際はむしろトルストイが描いたオブロンスキーのような人物像に示唆を得て他人指向型という類型が構成されたのでしょう。そのことはリースマン自身も暗黙に認めており、オブロンスキーのかたわらに「道徳的で内部指向的な人物」である友人レーヴィンを配して、内部指向／他人指向の対比を際立たせたトルストイに敬意を表しています。

類似の例をもう一つあげるなら、アルフレッド・シュッツの「多元的現実」論がよいかもしれません。常識的な意味での先行研究としてはウィリアム・ジェームズの『心理学原理』などがあげられるでしょうが、セルバンテスの『ドン・キホーテ』を抜きにしてシュッツの多元的現実論がありえないこともまた明らかです。『ドン・キホーテ』はシュッツの少年時代からの愛読書でした（Barber 2004）。「ドン・キホーテと現実の問題」などを読むと、シュッツは、この小説を多元的現実論の事例や例証というより、むしろ教科書として扱っているように思われます。

しかしもちろん、リースマンもシュッツも必ずしも意識的に文学を利用しているわけではありません。文学の意識的、自覚的利用という方向を考えたのは、リースマンの友人、ルイス・コーザーでした。コーザーはソルボンヌで比較文学を勉強したあと、一九四一年にニューヨークに渡ってジャーナリストとなり、五〇年にコロンビア大学に入ってR・K・マートンのもとで社会学を学びました。六三年に『文学を通しての社会学』という本を編纂し、従来の文学社会学とはむしろ逆の方向、つまり社会的要因によって文学を説明するのではなく、社会学を豊かにするために文学を活用するという方向を考えました。

文学の利用価値としてコーザーは二つのことをあげています。一つは、抽象的な社会学的概念を具体的・実感的に理解するうえで（あるいは学生に理解させるうえで）有益であるということ。例えば、マーク・トゥエインの『ミシシッピーに生きる』を読めば、「社会化」という概念の理解に大いに役立つ。これはいわば教育的、あるいは例証的価値です。『文学を通しての社会学』は、「社会化」「地位と役割」「権力と権威」「官僚制」「集合行動」など全部で一六の概念を選び、それらに対応する文学的テクスト各五編ほどを著名な文学作品から抜粋して収録したリーディングスです。「権力と権威」ではトルストイの『戦争と平和』やノーマン・メイラーの『裸者と死者』などからの抜粋が、「官僚制」ではもちろんカフカの『城』からの抜粋が入っているというわけです。

こういう教育的・例証的価値とは別に、もう一つ、コーザー自身はそういう言葉は使っていませんが、いわば発見的な、ヒューリスティックな価値というべきものがあります。つまり、文学はしばしば「社会科学においては未だ探究されていない社会的諸過程の本質を洞察する」ので、「社会学の理論や調査にさまざまの手がかりや出発点を与えることができる」というのです。コーザーは「文学的想像力が社会学的想像力を刺激する可能性」に期待をかけています。コーザー自身は、しかし、この方向を具体的に展開することはありませんでした。二〇年ほど間をおいて、作田啓一先生や富永茂樹さん、亀山佳明さん、清水学さんらによって取り上げられるまで、文学や芸術からの示唆を社会学に生かすという方向は、R・H・ブラウンなど例外的なケースは別として、ほとんど注目されませんでした（Brown 1977；作田 一九八一、作田・富永 一九八四、富永 一九九六、亀山・富永・清水 二〇〇二）。

もちろん、個別の作家や作品だけではなく、多くの作家と作品を含む特定のジャンルが社会学的想像力を刺激するということもあります。例えば探偵小説というジャンルは、この意味でなかなか興味深いものです。探偵小説については内田隆三さんの『探偵小説の社会学』という好著がありますし、またジャック・デュボアの『探偵小説あるいはモデルニテ』という本も鈴木智之さんによって訳されています。デュボアという人については、この訳書が出るまで私はまったく知りませんでしたが、ベルギーのリエージュ大学の先生だそうです。ベルギーと言えばエルキュール・ポアロの母国ですが、本書もなかなか本格的な探偵小説論です。

私と同世代の社会学者に多少とも知られている探偵小説論と言えば、エルンスト・ブロッホの「探偵小説の哲学的考察」かもしれません（Bloch 1962＝一九七一）。このエッセイのなかでブロッホは探偵小説というジャンルの形成をエドガー・アラン・ポーからコナン・ドイル、アガサ・クリスティーらへとたどり、またこの小説形式は基本的にオイディプス物語の構造をもっていると指摘しています。ブロッホはまた、探偵小説というジャンルが発展し人気を得た社会的コンテクストについても触れています。探偵小説の特色の一つは、犯人の偽装や仮面が暴かれるところにありますが、この点が現代という「偽装の時代」に対応しているというのです。実際、私たちはさまざまな偽装がはびこる世界で、仮面の人物たちにとり囲まれて生活しています。もちろん、犯人や悪人だけが仮面をつけているわけではありません。だから、殺人犯の仮面を暴く探偵小説だけでなく、探偵小説以外の文学形式や学問などにおいても仮面の暴露にかかわるものが増えてきたのだとブロッホは言います。そして、文学的な例としてイプセン、学問的な例としてフロイトやマルクスをあげています。フロイトの精神分析は個人的・主観的な虚偽意識の暴露にかかわり、マルクスのイデオロギー論は社会的・客観的な虚偽意識の暴露にかかわっており、どちらも探偵の行為に近い活動の所産だというのです。

これは面白い論点ですが、いくぶん単純化しすぎた議論という感じもあります。内田さんも前記の著書のなかで「探偵小説の言説がマルクスやフロイトの分析と同じものだと考えるのは正しくない」と指摘しています。内田さんによれば、表面からは見えない「深さ」のなかに真実が隠されていることを前提とする探偵小説に対して、「マルクスやフロイトの試みは、ブルジョワ社会において深さを求めたり、そのなかに秘密の形象を発見して満足したりするような「知覚の構造」それ自体を相対化するものであった」のです。

ブロッホよりかなり前、探偵小説というジャンルが確立されつつあった一九二〇年代に書かれたジークフリート・クラカウアーの探偵小説論も、その先見性において忘れがたいものです（Kracauer〔1925〕1971＝二〇〇五）。クラカウアーによれば、探偵小説は「隈なく合理化され文明化された社会という理念」に根ざしているのですが、その社会の「リアルな再現」にかかわるものではなく、そのリアリティの知的・合理的な特質を際立たせるジャンルなのです。したがって探偵小説という鏡に映し出されているのは「文明社会の怪奇な戯画」にほかならないのです。密室殺人や鉄壁のアリバイなど、あらゆる謎が合理的に解明されて大団円にいたるという探偵小説特有の結末も「メシア的救済の戯画」にすぎず、「ありもしない天国を無理やり地上に降臨させ」ているにすぎません。

このクラカウアーのエッセイには「テオドール・ヴィーゼングルント・アドルノ、わが友へ」という献辞がついています。マーティン・ジェイが詳細に跡づけているように、のちにクラカウアーとアドルノの関係はまずくなりますが、このエッセイが書かれた一九二五年当時は、まだ二二歳のアドルノが三六歳の先輩クラカウアーからいろいろなことを学び、影響を受けていた時期です（Jay 1985＝一九八九）。とうぜん、探偵小説の意味についてもアドルノは多くの示唆を得たはずです。そう考えると、後年の『啓蒙の弁証法』（一九四七）は、探偵小説という鏡に映し出された合理的文明社会の「怪奇な戯画」をさらに社会学の鏡に映し直した作品と言えないこともないでしょう。

ベンヤミンらも含めてフランクフルト学派とその周辺の人たちには探偵小説好きが多いのですが、『啓蒙の弁証法』のもう一人の著者、マックス・ホルクハイマーも探偵小説ファンだったのかどうか、これがどうもよくわかりません。どなたかご存知の方がおられましたら、ぜひ教えていただきたいと思います。

3　文学の「密輸入」

ヨーロッパ、とくにイギリスで探偵小説というジャンルが確立しつつあった頃、アメリカの社会学界ではロバート・パークに率いられたシカゴ学派が台頭していました。パークは学生たちに社会学の本だけでなく文学作品なども読むように勧めましたが、彼が推薦したのは探偵小説ではなくて、ジェイコブ・リースらのルポルタージュ文学と、これに関係の深い自然主義文学、つまりセオドア・ドライサーやシンクレア・ルイスらの小説でした。

初期シカゴ学派の都市研究とルポルタージュ文学との関係については、ロルフ・リンドナーの興味深い研究があります（Lindner 1990＝1996）。リンドナーによりますと、一九二〇年代から三〇年代にかけてのシカゴ学派の都市研究の展開は、世紀転換期のアメリカにおける新聞・雑誌ジャーナリズムの発展にともなうルポルタージュ文学の隆盛に先導されていました。当時のシカゴ都市社会学の「売り」となった一群のテーマ、つまり貧困やスラム、ゲットー、ホーボー、犯罪や非行、売春などは、一九世紀の末から二〇世紀初頭にかけてのルポルタージュ文学が好んで取り上げたテーマでしたし、それらの扱い方や調べ方などにおいても、シカゴ学派都市社会学は、先行のジャーナリズムやルポルタージュ文学の方法を受け継いでいました。

ジャーナリスティックなルポルタージュ文学とシカゴ学派都市社会学との関係は、しかし、リンドナーの研究が出るまであまり指摘されませんでした。これまでの社会学史などでは、むしろ人類学の影響が強調され、その方法に学んだというのが定説となってきました。パーク自身も、そういう意味のことを述べており、それが「定説」の有力な根拠の一つでもあったわけです。しかしリンドナーによると、パークの言明は、マリノフスキーの『西太平洋の遠洋航海者たち』（一九二二）やラドクリフ＝ブラウンの『アンダマン諸島民』（一九二二）などが出版されて、人類学やその調査法への評価が高まってからのものであり、一種の「正当化」と見ることができるというのです（この点については本書五三〜五四頁で、やや詳しく触れる）。

私は別に、このことでパークを非難しようとは思いません。たしかに彼は、世紀転換期のルポルタージュ文学のテーマや方法を、特段の断りなく社会学に「密輸入」したかもしれませんが、もともとジャーナリスト出身のパークにとって、それは断るまでもないごく自然なことだったとも思われます。一八八七年にミシガン大学を卒業したあと、一八九七年にハーバードの大学院に入るまで、パークは一〇年以上にわたってミネアポリス、デトロイト、デンバー、ニューヨークなどで新聞記者として生計を立てていました。

また、社会学の歴史を考えれば、「密輸入」はいわばお家芸の一つと言ってよいかもしれません。ディシプリンとして寛容というか、曖昧というか、とにかくややルーズなところのある社会学は、哲学、心理学、歴史学、言語学など、多くの学問領域からさまざまなものを密輸入することで発展してきた面があります。それは、レヴィ゠ストロースやデリダにならってブリコラージュと言ってもよいし、あるいはミシェル・ド・セルトー風に「密猟」と言ってもよいでしょう。

すると私は、私自身のことも含めて、社会学における文学の密輸入的利用についていくつかの例をあげてきた、ということになるのでしょうか。もちろん、コーザーの例などは少し違います。彼はむしろ文学を正規の輸入ルートに乗せようとしました。作田先生や富永さんたちの試みも「密輸入」とは言えません。ほかに、文学を正面から扱った社会学者の仕事としては、例えば上野千鶴子さんの『男流文学論』や『上野千鶴子が文学を社会学する』などもあります。ただし上野さんの場合は、文学の活用というより、社会学的な文芸批評であり、その意味ではオーソドックスな文学社会学に近いものとも言えます。

いずれにせよ、文学を正面から扱うのは、よほど力量がないとなかなかたいへんです。文学者や文芸批評家の側には「社会学者などに文学がわかるはずはない」という偏見があり、他方社会学者の側には「社会学という科学にとって文学など何の役にも立たない」という偏見があるからです。下手をすると、両側から挟み撃ちにされてしまいます。その点、密輸入ですと、どちら側からも攻撃されたり、非難されたりする心配があまりありません。とはいえ、それは雑音が少ないというだけのことで、密輸入の成果が得られるかどうかはまた別の問題です。密輸入の理想はいわば料理における「隠し味」のような効果を生むことですが、なかなかそううまくはいかないのも実情です。

4　文学的・芸術的現象としての社会

密輸入にせよ、正々堂々の輸入にせよ、文学を社会学に導入することが一定の成果を生むとしたら、それはなぜでしょうか。

文学系の人びとはしばしば、文学（あるいは文学者）のみが人間や社会の深い真実を洞察しうるのだと主張してきましたが、これは文学（とくに近代文学）という制度がつくりだした神話にすぎないでしょう。社会学という制度の側から言えば、文学にそういう特権を認めることはできません。しかし、文学と社会学という制度の違いによって、例えば社会学はどちらかといえば「平均型」を好むのに対して文学はむしろ「極限型」を好むといったように、人間や社会に向けるそれぞれのまなざしや記述のスタイルなどもおのずから違いますので、その違いから学ぶことができるということはあります。おそらくここに、文学的テクストが社会学にとって有益でありうる根拠の一つがあると思います。

しかし、それだけではありません。たしかに文学社会学は、古くはイポリット・テーヌ以来、文学もまた社会的要因に拘束されることを明らかにして、文学の特権性を相対化してきました。しかしこの立場は、ときに単純な「決定論」や「反映論」に近づき、文学の社会形成力といったものを軽視する傾向があります。ここで「社会形成力」と言うとき、私は主として、私たちの社会的経験や行為の様式がしばしば文学によって形成されたり、変容されたりすることをイメージしています。例えば、これまで流布してきた多くの恋愛小説や恋愛物語は、たしかにそれぞれの時代の恋愛のあり方を反映している面はあるでしょうが、同時に一方では、そもそも「恋愛」という文化形式、あるいは社会的経験の形式そのものが文学によって形成され、また変容されてきたもの、そして現に変容されつつあるものであることも否定できません。

もちろん、これは恋愛に限ったことではありません。例えば柄谷行人は、近代日本において、「風景」「内面」「児童」などの観念が文学によって形成されたと論じました（柄谷 一九八八。この議論の含意を歴史社会学的あるいは知識社会学的に展開した研究として、例えば佐藤 一九九四、河原 一九九八、など）。

文学の「社会形成力」はさらに広く、私たちの人生そのものにも及びます。「人生は物語である」とか「人間関係はドラマである」といった通俗的な表現を馬鹿にしてはいけません。ここでの「物語」や「ドラマ」は必ずしも単なるメタファーではなく、いわば私たちの社会生活のなかに織り込まれているものなのです。私たちはおそらく、自分で思っている以上に、さまざまの物語やドラマを生きているのではないでしょうか。つまり、「文学的」に生きているのではないでしょうか。

かつてジャン゠ポール・サルトルは、自作の小説『嘔吐』の主人公に託して次のように述べました。「人間はつねに物語の語り手であり、自分の物語と他人の物語に囲まれて生活している。彼は日常のすべての経験を、これらの物語を通して見る。そして自分の生活を、他人に語っているみたいに生きようと努めるのだ」（白井浩司訳）。

サルトルの論敵であったアルベール・カミュも、人生の物語化という点に関してはサルトルとほぼ同じ意見だったようです。カミュによれば、人間は「実際にはありえない……一貫性と統一性」を自分の人生に与えようとして、それを「初歩的な仕方で小説化する」、つまり「自分の生活で芸術品をつくろうとする」のです（『反抗的人間』佐藤朔・白井浩司訳）。

この小説化、物語化の過程には、もちろん、さまざまの程度において自己欺瞞や自己正当化がまぎれこみます。とはいえ、この過程だけが人生にそれなりの「一貫性と統一性」を、つまり意味を与えることができるのです。ですから、いわゆる私小説作家だけが生活を小説化するわけではありません。誰もが生活を小説化する作家であり、自分の物語の作者なのですが、たいていの人は「初歩的な仕方で」それを行なう凡庸な作家です。文学の世界では高名な作家なども、実生活の小説化においては、しばしば凡庸です。私たちは通常、凡庸な作家として、凡庸なスタイルで、凡庸な物語を生きています。しかし、だからこそ、その凡庸さにおいて、まがりなりにも他者の理解が可能になり、社会生活というものが可能になるのでしょう。

いずれにせよ、広い意味での文学は社会を形づくる重要な要素なのです。デュルケムの宗教社会学のポイントを、(「宗教は社会的現象である」というより)「社会は宗教的現象である」ということだと要約したタルコット・パーソンズにならって言えば、「社会は文学的現象である」と言ってもよいでしょう。先の問いに帰るなら、文学的テクストが社会学にとって有益でありうる最大の根拠はここにあります。

なお、これまで便宜上、文学に限定して述べてきたことは、文学以外の芸術形式についてもほぼあてはまります。例えば遠近法の普及が私たちの空間経験を大きく変容させたこと、風景画の発展が「風景」に対する新しい美的感受性を形成してきたことなどは、よく知られているところです。遠近法とそれに基づくルネサンス絵画の発展によって新しい空間経験が形成されたことを詳細に跡づけた『絵画と社会』のなかで、ピエール・フランカステルが「人は社会によって芸術を説明しようと努めるが、実は社会の真の原動力を部分的にもせよ説明するものはむしろ芸術なのである」と述べたゆえんです(Francastel 1951＝一九六八)。

文学や芸術、あるいは文学を含めた広義の芸術は、私たちの経験や感性や行為のなかに、そして私たちの社会生活のなかに、さまざまな形で織り込まれています。その意味では、社会は芸術的現象であると言ってもよいでしょう。だからこそ、芸術からの示唆によって社会学を豊かにするという前記の方向が有効でありうるのです。

もちろん、ここでいう芸術は多様な領域を含めて考えてよいと思います。文学はもちろん、絵画や音楽、演劇や映画、漫画やアニメ、さらにはファッションやスポーツなどを含めてもよいでしょう。一般に文学や芸術（さらにはそれに近い文化現象）を扱う社会学は、その研究対象を分析し説明するだけでなく、逆にその分析対象、説明対象から学ぶことも多いものです。文学は社会学が生産するテクストと類似の形（文字テクストの形）をとっていますのでわかりやすい面があるのですが、クリフォード・ギアーツ流にすべての文化はテクストだと考えるなら、文化を扱う社会学者は、テクストとしての文化について社会学的テクストをつくっているわけですから、そこに相互テクスト的な交流が生じるのはむしろ自然なこととも言えます。そして、この相互テクスト性（intertextuality）のなかに社会学の豊富化や活性化につながる道が隠されているはずなのですが、それはもちろん明快な一本道ではなく、むしろ出口の見えない迷路のように複雑に入り組んでいることもしばしばです。この迷路の散策を自分なりの仕方で楽しむこと、そしてどこかにあるはずの（あるいはないかもしれない）有望な道筋の探索を楽しむことを、とくに若い世代の研究者の方々にお勧めしたいと思います。

文献

Barber, M.D., 2004, *The Participating Citizen: A Biography of Alfred Schuts*, State University of New York Press.
Bloch, E., 1962, "Philosophische Ansicht des Detektivromans," *Verfremdungen I*, Suhrkamp Verlag.（＝一九七一、

種村季弘訳「探偵小説の哲学的考察」片岡啓治ほか訳『異化』現代思潮社／再録：一九八六、船戸満之ほか訳『異化 I』白水社)。

Brown, R. H., 1977, *A Poetic for Sociology: Toward a Logic of Discovery for the Human Sciences*, Cambridge University Press.

Coser, L. A., 1963, *Sociology Through Literature: An Introductory Reader*, Prentice-Hall.

Dubois, J., 1992, *Le roman policier ou la modernité*, Editions Nathan.（＝一九九八、鈴木智之訳『探偵小説あるいはモデルニテ』法政大学出版局)。

Francastel, P., 1951, *Peinture et société*, Editions Audine.（＝一九六八、大島清次訳『絵画と社会』岩崎美術社)。

Hassan, I., 1961, *Radical Innocence: Studies in the Contemporary American Novel*, Princeton University Press.（＝一九七二、岩元巌訳『根源的な無垢』新潮社)。

井上俊、一九六六、「「恋愛結婚」の誕生」『ソシオロジ』一二(四)。(再録：一九七三、『死にがいの喪失』筑摩書房)。

Jay, M., 1985, "Adorno and Kracauer: Notes on a Troubled Friendship," in *Permanent Exiles*, Columbia University Press.（＝一九八九、笹田直人訳「アドルノとクラカウアー——傷つけられた友情に関するノート」今村仁司ほか訳『永遠の亡命者たち』新曜社)。

亀山佳明・富永茂樹・清水学編、二〇〇二、『文化社会学への招待——〈芸術〉から〈社会学〉へ』世界思想社。

柄谷行人、〔一九八〇〕一九八八、『日本近代文学の起源』講談社文芸文庫／二〇〇八、定本、岩波現代文庫。

河原和枝、一九九八、『子ども観の近代——『赤い鳥』と「童心」の理想』中公新書。

Kracauer, S., 〔1925〕1971, *Der Detektiv-Roman: Ein philosophischer Traktat*, Suhrkamp Verlag.（＝二〇〇五、福本義憲訳『探偵小説の哲学』法政大学出版局)。

Lindner, R., 1990, *Die Entdeckung der Stadtkultur: Soziologie aus der Erfahrung der Reportage*, Suhrkamp Verlag.（＝1996, *The Reportage of Urban Culture: Robert Park and the Chicago School*, translated by A. Morris, Cambridge University Press）.

Mamet, D., 1992, *Oleanna*, Random House.

Raushenbush, W., 1979, *Robert E. Park: Biography of a Sociologist*, Duke University Press.

Riesman, D. (with Glazer, N. and R. Denney), 1950, *The Lonely Crowd*, Yale University Press.（＝二〇一三、加藤秀俊訳『孤独な群衆』改訂増補版、上下、みすず書房）。

作田啓一、一九八一、『個人主義の運命——近代小説と社会学』岩波新書。

——・富永茂樹編、一九八四、『自尊と懐疑——文芸社会学をめざして』筑摩書房。

佐藤健二、一九九四、『風景の生産・風景の解放——メディアのアルケオロジー』講談社選書メチエ。

富永茂樹、一九九六、『都市の憂鬱——感情の社会学のために』新曜社。

内田隆三、二〇〇一、『探偵小説の社会学』岩波書店。

上野千鶴子、二〇〇三、『上野千鶴子が文学を社会学する』朝日文庫。

——・小倉千加子・富岡多恵子、一九九七、『男流文学論』ちくま文庫。

付記

本稿は、第八〇回日本社会学会大会（関東学院大学）における会長講演（二〇〇七年一一月一八日）の記録にいくらかの補足を行なったものです。

悪夢の選択――『闇の奥』の文明論

はじめに

ジョーゼフ・コンラッドの『闇の奥』は一八九九年に書かれた。ペンギン・モダンクラシックス版で一一〇ページ、岩波文庫版の邦訳（中野好夫訳）で二一〇ページほどの比較的短い小説であるが、作者の船員時代の体験に基づく力強い作品で、コンラッドの代表作の一つに数えられている。

舞台は、列強による「分割の時代」のアフリカ。そこでの若いときの体験談を、イギリス人の船長マーロウが友人たちに語るという形で物語が進行する。多くの伝記的研究が明らかにしているように、マーロウ船長の体験は、かなりの程度までコンラッド自身のそれに一致する。コンラッドは、一八九〇年五月、ベルギーの貿易会社に雇われてアフリカに向かった。当時ベルギーでは、国王レオポルド二世が「コンゴ自由国」という私有の植民地国家を設立して（一八八五年）、コンゴ河流域の支配と搾取に乗り出しており、コンラッドが職を得た「奥コンゴ貿易振興会社」は、その国策会社であった。

コンラッドはコンゴで河船の船長を務めたが、間もなく健康をそこない、一八九一年一月にはイギリスに帰った。しかし、このときのアフリカでの体験から彼が受けた影響は非常に大きなものであったと言われ、それがのちにマーロウ船長の体験談として作品化されることになる（Baines 1960）。

マーロウ船長は、友人たちも認めているように、決して下手な語り手ではない。「船乗りたちの見聞談」というものは、だいたいが単純な話で、深い意味などは期待できない。だがマーロウはその点では「型破りだった」。船乗りの例にもれず見聞談を聞かせるのは好きだが、彼の話は単純ではないし、事件や情景についての彼の描写はしばしば鮮烈なイメージを喚起する。しかし、にもかかわらず、このアフリカ奥地での体験を語る彼の口調には、ときおり曖昧な響きが感じられる。それはたぶん、体験や出来事の核心的な意味をはっきりと伝えることのできないもどかしさの表現であろう。そのようなとき、マーロウはしばしば自分の体験を夢にたとえる。「この話が本当にわかるか？　なんでもいい、とにかくわかるかというのだ。そうだ、僕は、なにか君たちに夢の話をしているような気がする――空しい努力をねえ」。

たしかに、この物語には夢のような、それもおそろしい悪夢のような雰囲気があり、どこか謎めいてわかりにくい部分（あるいは少なくとも、いくつかの違った解釈を許す部分）がある。そのうち、ここでは、とくに次の三点を取り上げて検討してみたい。

(1)「特別な人間」であり、「憐みと、学問と、進歩と……の使者」であった理想主義者クルツが、なぜ無残な人格的崩壊をとげねばならなかったのか。

(2)このクルツという人物にマーロウは強く惹きつけられるのだが、それはなぜか。
(3)「知ってるだろうが、僕は嘘が嫌いだ、大嫌いだ、思っても堪らない」と言うマーロウが、最後になぜクルツの婚約者に嘘をつくのか。

いずれも、作品全体の解釈にかかわる重要な問題だと思う。以下では便宜上、これらを右の順序に従って一つずつ検討していくが、同時に、これら三つの問いに対して、個別的にではなく、できるだけ一貫的に答えることに努めたい。そうすることによって、マーロウの努力（彼がときに「空しい」と感じた努力）を補い、彼の物語のもつ文明論的含意を明らかにし、さらにそこから文明と人間（あるいは社会と自我）の関係についていくらかの考察を試みること、これが本稿の課題である。

1　理想と懐疑

この作品（とくにその前半部）は、白人による植民地支配の実態を描いている点で、比較的早い時期における帝国主義批判の文学的表現としても評価されてきた。しかし、クルツの人格的な崩壊という問題について考えるためには、もう少し視野を広げて、帝国主義を一つの要素として含む西欧近代文明全体の問題に目を向ける必要がある。

コンラッドは文明というものについてどのような考えをもっていたか。長編小説『ノストローモ』（一九〇四年）や回想録『個人的記録』（一九〇八年）などから窺われる彼の文明論の特色の一つは、近代文明の基本的な構成要素として、エゴイズムと理想主義（あるいは利害と理念）というペアのほかに、「懐疑」という要素に注目し、これに重要な位置を与えた点にあろう。たしかに、人間の原始的欲望を規制し、エゴイスティックな行動を拘束する「理想」は、文明の核心であるかもしれない。しかし、懐疑によって相対化されない理想はしばしば危険である。それは、ときに固定観念となって人を非人間的な行動に導く。例えば、『ノストローモ』の主人公の一人、チャールズ・グールドという理想主義者について、コンラッドは次のように書いている。「チャールズ・グールドの放心の発作は、ある固定観念に憑かれた意志の、精力的な集中を表わしていた。固定観念に憑かれている男は正気ではない。たとえその考えが正当なものであったとしても、そういう人間は危険だ。というのは、もしやそういう人間は、愛する人の上に情もなく死をもたらすようなことはしないだろうか？　グールド夫人の眼差しは夫の横顔にじっと注がれたまま、涙がいっぱいになっていた」（『ノストローモ』上田勤ほか訳）。他方、とくに理想を奉じているわけではないが「懐疑の能力」を欠くといった人びともあり、彼らは「そのために、詐欺師の罠だとか、高い使命というヴィジョンに憑かれた指導者たちの、情も容赦もない熱狂ぶりに、自分たちの頼りない力を渡してしまう」ことになる。

「理想」はまた、しばしばエゴイズムと馴れあって、それを正当化する口実に堕してしまう。自己の内部でのこの種の馴れあいに気づかない場合、人は自己欺瞞に陥る。『ノストローモ』は、この問題を正面から取り上げている。多くの批評家がコンラッドの最も代表的な作品と認めるこの大作の重要な主題の一つは、理想主義者チャールズ・グールドの微妙な自己欺瞞である。むろん、こうした馴れあいは、個人のレベルにおいてだけでなく、社会のレベルにおいても生じる。帝国主義も、植民地原住民の啓蒙開化という「理念」を掲げた。ときにはきわめて微妙な形をとる理想主義とエゴイズムとの馴れあい、それにともなう欺瞞と自己欺瞞——これらをはっきりと認識する力は「懐疑」によって与えられる。それゆえ、友人の作家、ジョン・ゴールズワージ宛の手紙のなかで述べられているように、懐疑は「真実の代理人」なのだ。

こうして、文明を構成する基本的な要素は、エゴイズムと理想（理念）と、そして懐疑である。これら三者が相互に関連しあい、相互に制約しあいながら一種の動的均衡を保っている。それが文明というものだ、とコンラッドは考えていたように思われる。文明人はこの動的均衡の場のなかで生活している。そこから切り離されると、人は行動の方向を見失ってしまう。『闇の奥』のなかの表現を用いれば、「未知の遊星」の上に投げ出され、「環境への理解から完全に切り離され」て、「不可解な謎の真唯中に生活しなければならない」状態に陥る。しかも人は、外側からその行動を拘束する力からも切り離される。そこには「お巡査《まわり》さん」もいなければ、「世間の輿論とやらを囁いてくれる親切な隣人」もいない。もはや「醜聞と絞首台と癲狂院《てんきょういん》との神聖な恐怖」によって行動が拘束されることはないのである。

このような状態で文明の外側に置かれたとき、文明人は往々にして自己の内部の均衡を失う。つまり、文明人のパーソナリティのうちに内面化された三つの力の均衡構造が崩れて、アンビバレントな心理状態に陥ったり、あるいはどれか一つの力だけに支配されるようになったりする。これは植民地で生活する白人にしばしば起こる事態である。ある者は烈しいアンビバレンスに根ざす奇矯な行動を示す。また、あくなきエゴイズムの追求に走る者、極端な理想主義にとり憑かれる者もある。事情は懐疑についても同様である。文明の枠組のうちにあってこそ、懐疑は懐疑すべき対象（エゴイズムや理想主義）をもち、一定の役割を果たすことができる。文明から切り離されて、それらの外的対象を失ってしまうと、懐疑はむなしく空転し、消耗していく。あるいは懐疑の矛先が内部に向かい、懐疑を懐疑する、ないしは懐疑主体を懐疑するという形をとって、ついには懐疑する主体の存立自体を脅かすにいたることもある。『ノストローモ』に登場する懐疑主義者マルタン・デクーが孤島で自殺をとげるのは、その一例だろう。理想主義者グールドの微妙な自己欺瞞を早くから察知していたのはデクーであったし、また彼らが二人とも巻き込まれる革命騒ぎの本質を最もよく見抜いているのもデクーである。けれども、ひとたび文明から切り離されて独り孤島に置かれると、彼はたちまち「まったくの不信の世界へと駆り立て」られ、「自分自身が一個の人格であるということさえ疑う」にいたる。彼の懐疑は彼のアイデンティティを解体してしまった。こうして「輝けるドン・マルタン・デクーは、サン・トメの銀の延棒を重しにして、痕跡も残さずに消え去り、諸々の事物の計り知れぬ無関心さの中に呑みこまれてしまう」のである。

では、クルツの場合はどうか。彼は、デクーと違って懐疑的な人間ではない。むしろ理想主義者である。だが、そうであるがゆえにクルツは、デクーに劣らぬ明敏な頭脳の持ち主であるにもかかわらず、帝国主義のたてまえをそのまま受けいれてしまった。交易に名を借りた搾取の拠点の一つ、コンゴ河上流の奥地出張所の主任である彼は、「出張所というものは、すべて将来の発展のために、いわば街道の灯台のようなものにならなくちゃいけない。商売の中心というだけじゃなくね、進んで文明、進歩、教化の中心にならなくちゃいけない」と言う。しかし、文明から孤絶したジャングルのなかでの生活は、しだいに彼の理想主義を衰弱させ、彼のうちにひそんでいた物欲や権力欲を目覚めさせる。そしてついには彼を「信じ難いほどの堕落の中に陶酔」させるにいたる。

作者はマーロウの口を借りて、クルツは「荒野に甘やかされ、荒野に亡ぼされたのだ」と言う。「思うに荒野は、彼自身も知らなかった彼、――そうだ、それは彼自身もこの大いなる荒野の孤独と言葉を交すまでは夢想さえしなかったものだが、――その彼に関して、いろいろと絶えず耳許に囁きつづけていたのだった、――しかもこの囁きは、たちまち彼の心を魅了してしまった。彼の胸の奥底が空虚《うつろ》だっただけに、それはなおさら彼のうちに声高く反響した」。

しかしなぜ、高遠な理想に満ちていたはずのクルツの胸が「うつろ」だったのであろうか。

前記の回想録『個人的記録』を中心としてコンラッドの道徳観を分析したジャック・バーソウドは、抽象的な原理や主義に対する強い不信がコンラッドのうちにあったことを指摘している。コンラッドの道徳観の中核は、ほぼ二〇年に及ぶ彼の長い船員生活のなかで形成された。それは、いわば「海に根ざす価値」であり、船乗りのモラルであって、たとえば任務への忠実さ（fidelity）、仲間とのつながり（solidarity）、節度や自制（restraint）といった単純で具体的な美徳、「生活の文脈」にしっかりと結びついた美徳をよしとする（Berthoud 1978）。

クルツはこの種の美徳を欠いていた。たしかに高遠な理想はあっただろう。だが、具体的な生活の文脈から浮きあがった抽象的な原理や主義は、コンラッドに言わせれば、単なる「衣裳」であり、「美しい艦褸片《ぼろっきれ》」にすぎない。クルツの理想は、そのような種類のものであった。だから、「彼の胸の奥底は空虚《うつろ》だった」と作者は言うのである。クルツの声と雄弁についての頻繁な言及も、この文脈で理解することができる。抽象的な理念や主義は、行動によってではなく、むしろ言葉によって維持される。クルツはマーロウにとって何よりもまず「声としての存在」であった。マーロウによれば、クルツの多くの恵まれた才能のうちで「最も著しいもの、いいかえれば彼の本質とでもいった感を与えたものは、彼の話術の才、彼の言葉」だった。そして、この「表現能力」は、「高邁な才能」でもあり「下劣な天分」でもあって、人びとを啓蒙する「光の脈動」ともなりうるが同時にまた「欺瞞の流れ」ともなりうるものなのである。

クルツの崩壊は、いわば帝国主義のたてまえの崩壊である。その廃墟から、衣裳を剝がれた本音があらわれてくる。文明の使徒であったクルツは、文明へのその強い同一化のゆえに、文明の欲望(帝国主義的欲望)をも受け継がざるをえなかった。無意識のうちに彼はこの欲望に深くとらえられていた。象牙に象徴される富への欲望、そして杭の尖端の「叛逆者の首」に象徴される権力への欲望——それは、いわばクルツが彼を育てた文明から受け継いだものなのである。

しかし、その崩壊のただ中にあってさえ、クルツはこの種の欲望だけに支配されていたわけではない。彼は、彼の王国において、単に帝国主義的支配者になろうとしていたというより、むしろ神になろうとしていた。彼には「大きな計画」(immense plans) があった。そして、彼を崇拝するロシア人の青年に対しては、夜を徹して、愛について、正義について、あるいは善について語り続けて倦《う》むことがない。こうしてクルツは、人格的に荒廃し崩壊しながらも、ある種の理想主義者であることをやめてはいないのである。そのため彼は、烈しいアンビバレンスを自己のうちに抱え込まざるをえない。このアンビバレンスは、ロシア人青年によって、「とにかくあの人は、あまりにも苦しんでいました。本当はすべてこうしたことを心から憎んでいたのですが、そのくせどうしたものかやめられなかったのです」と述べられ、またマーロウによって、「束縛も信仰も恐怖も知らない魂、そのくせ、その魂自身を相手に盲目的な格闘をつづけている魂」というふうに表現されている。

以上のように考えるならば、クルツの崩壊は単に帝国主義の問題だけに関係しているのではなく、むしろ文明それ自体の問題にかかわっていると言えよう。それは、文明という動的な均衡の場から切り離された文明人の脆さ、ひいては近代西欧文明そのものに内在する脆弱さを象徴している。だからこそ作者は、クルツの出自について、「母親は混血のイギリス人であり、父親も同じく混血のフランス人だった」、そして「半分はイギリスで教育を受けた」――「いわばヨーロッパ全体が集って彼を作り上げていた」と書いているのであろう。

2　誠実の逆説

コンゴ河上流の「象牙地帯」を拠点とする「大陸の貿易会社」に河船の船長として雇われてアフリカに赴いたマーロウが、初めてクルツの噂を聞くのは、コンゴ河の河口から三〇マイルほど入ったところにある最初の出張所においてである。ここの会計主任の話によれば、クルツは最も奥地の出張所の主任だが、「たいへんすぐれた人間」で、象牙の獲得にかけても敏腕であり、本社の重役連中の信任も厚い大物であるという。この出張所からさらに二〇〇マイル奥に入って中央出張所に着くと、ここでもまた総支配人やその他の所員からクルツの話を聞かされる。クルツが仕事において有能であるだけでなく、原住民の啓蒙と開化を主張する理想主義者でもあることを知って、マーロウは興味をひかれる。ここへ着くまでの間に、白人による植民地搾取の実態、その残酷さや愚劣さをいやというほど見てきただけに、「僕は、なにか妙に興味があった。クルツというこの男、とにかくある道徳的信念をもってやってきたというのだが、果たしてそうした人間でも立身出世をするものだろうか、そしてまたそうした位置についた場合には、どんな風に仕事をやって行くものだろうか、それが知りたかったのだ」。

この段階では、マーロウのクルツに対する関心は好奇心の域を出るものではない。しかしその後、クルツに対する総支配人の陰険な悪意を知り、また病み衰えたクルツに会い、その臨終に立ちあうに及んで、マーロウはクルツという人物に強く惹きつけられ、「一生——いや、死後の世界までも——つづくべき……友情」を感じるにいたる。その理由として、マーロウ自身は、まず総支配人に対する強い反感と嫌悪が彼をクルツに近づけたことをあげ、さらにクルツが「地獄だ! 地獄だ!」("The horror! The horror!") というその最期の言葉によって「一切を要約」し、「この世界における己れの魂の冒険に……自から審判を下す」ことで一種の「精神的勝利」に到達したからだ、と述べている。たしかにそれは「無数の敗北と、おそるべき恐怖と、忌わしい満足という代償」を支払って初めて得られた勝利ではあったが、しかし「とにかく勝利だった! だからこそ僕は、最後まで、いや、さらにその後までも、彼に対する忠誠を失わなかったのだ」。

しかし、マーロウ自身の記述は、必ずしも、彼がなぜクルツに強く惹かれるのかという問題に十分な説明を与えてはいない。つまり、マーロウの記述だけに頼ってこの問題を扱うことは困難である。むしろ、マーロウがどういうタイプの人間であるかということを考慮しながら、マーロウ自身が意識して述べているレベルを超えて解釈を進めていく必要があろう。ここでは、そのための手がかりとして、「誠実」(sincerity) と「ほんもの」(authenticity) という対比をめぐるライオネル・トリリングの議論を参照したい (Trilling 1971=一九八九)。この議論 (ハーバード大学での連続講義) では『闇の奥』も取り上げられており、ディドロの『ラモーの甥』との比較なども含めて多面的に論じられているが、当面の問題に限れば、マーロウは「誠実」な人間であるがゆえに「ほんもの」であるクルツに惹かれる、という観点が導かれるだろう。しかしなぜ「誠実」な人間は「ほんもの」に惹かれるのか、あるいは惹かれざるをえないのか。

「ヨーロッパの倫理的生活はその歴史のある時点で、新しい要素、われわれが誠実《シンセリティ》と呼ぶ自我の状態ないし特質を自らに付け加えた」とトリリングは述べている。そして、この誠実という価値は「およそ四百年のあいだ西欧文化の顕著な、多分決定的な特質」となってきた。誠実とは何よりもまず「実際に感じていること（actual feeling）と言明（avowal）との一致」を意味するが、この一致が倫理的に重視されるようになるのは、一六世紀のヨーロッパ（とりわけイギリスおよびフランス）においてである。その背景には、この頃、社会移動の激化にともなって、自分を装い偽るということが社会的効果をもつようになり、したがって広く行なわれるようになったという事情がある。このことは、例えばエリザベス朝の演劇などにも反映されており、そこではしばしば偽装や見せかけ、E・ゴフマン流の「偽りの自己呈示」の問題が取り上げられている。そして「悪人」とは『オセロー』のイアーゴーのように「装い偽る者」（dissembler）であるという了解が形成された。

この「偽装」と「誠実」との対比は、容易に「社会」と「個人」、あるいは「公」と「私」との対比に結びつき、それらと重なりあう。人が自己を装い偽るのは、公的な場においてであり、社会生活においてである。社会は見せかけの世界であり、虚偽の言明に満ちているが、個人はそうした社会的見せかけを超えた「内部」をもつ。このような考え方があらわれてくるのも一六世紀においてであるとトリリングは言う。つまり、ここにおいて初めて「今日われわれが〈個人〉と呼ぶもの」が出現するのである。そして「この新しい人種」が、〈セルフ〉という言葉を、単なる再帰代名詞や強調語としてではなく、「ある人間のなかで……本当に内在的に自分であるところのもの」（『オクスフォード英語大辞典』）を指す自律的な名詞として使い始める。

こうして、「本当に内在的に自分である」ところの「内部」を率直に語ること、それが誠実の証ともなり、また「時代の命じるところ」ともなった。この要請を体現しているのが、例えば『人間嫌い』（一六六六）のアルセストである。「私の主な才能は率直で誠実であるということだ」と自認するアルセストは、誰に対しても本当に自分が感じ信じる通りのことをずばずばと言ってのける。その点では、彼は、社会生活の虚偽に闘いを挑む真実の使徒である。けれども同時に、彼の誠実は彼自身の自惚れともなっており、そこにある種の自己欺瞞が忍びこんでいる。つまりこの作品は、虚偽あるいは不誠実の原理こそが社会の基礎であることを明らかにしているだけでなく、そのような社会と闘う誠実な個人の側の自己欺瞞に目を向けることも忘れてはいない。そしてここに、この喜劇のポイントがある。トリリングの表現を借りれば、「人間の弱さに対する笑いが、このアルセストの誠実がはらむ自己欺瞞に作者モリエールが向けた笑いほどに、悔恨とやさしさに溢れたものになったためしはほかにない」。

その後の歴史の展開のなかで、誠実の観念はどのような運命をたどるか。いわゆる近代市民社会の成立と発展につれて、社会生活がいっそう複雑になり、また流動化し、相互に不可視の「内部」をもつ人びと同士が頻繁に接触し、さまざまの関係をとり結ぶようになると、誠実への要請はますます強まり、その倫理的価値もますます強調されるにいたるが、このことは同時に、自分が誠実であることを「是が非でも世間に対して表明し保証しなければならぬという要請」をも生みだした。

言いかえれば、誠実は今や、ある種のレトリックを要するものとなったのである。「内部」の誠実を外部（社会）にもそれと認めさせるためには、内部をそのまま表出するのではなく、むしろ外部の基準に合わせて「誠実な人間」の役を演じなければならないという事態が生じてきた。この場合、人は必ずしも「偽りの自己」を演出しているわけではない。いわば、「真の自己」を演じ、自分自身であるふりをしているのである。しかし、役を演じること、ふりをすることは、まさしく偽装であり虚偽ではないのか。これは、一つのパラドックスである。この逆説をアンドレ・ジッドは「人は真に誠実でありながら同時に誠実に見えることはできない」と表現した。

誠実の逆説には、さらにもう一つの側面がある。誠実が重要な倫理的価値として社会のなかに定着してくると、誠実な人間は同時に道徳的な人間であることを要求されるようになる。誠実であることによって、他者を傷つけたり、社会に混乱や害を与えたりしてはならない。それは道徳的な人間のすべきことではない。すなわち、誠実な人間は社会的な義務や道徳律に忠実でなければならない。こうして彼は、「不誠実の原理」に基礎づけられた社会によって強く拘束されることになる。不誠実な人間ではなく、むしろ誠実な人間が、不誠実の原理の上に成り立つ社会を支え、その虚偽に深くとらわれ、それを強化するのである。ここにもまた、一つの逆説を見ることができる。

いずれにせよ、誠実な人間が誠実であるがゆえに不誠実や虚偽に陥らざるをえないという逆説から、「私たちの誠実はほんものではない」という感覚が生まれ、誠実とは別の「ほんもの」という価値基準が必要とされるにいたる。このような事情から、「ほんもの」という観念は、他者や社会に対する誠実ということをまったく顧慮しない誠実、自己だけに集中した誠実という属性を帯び、また「善悪の彼岸」に立つといった性質を示す。したがってそれは、明らかに「反抗的で不穏な見方」を含んでいるが、他方ではまさにそのことによって「誠実の欠陥」を示唆し、しだいにかつて誠実が占めていた地位を奪って人びとの敬意をかちえるようになってきた。今日では「ほんものという価値基準の命ずるままに、かつて文化の素地そのものを構成していると考えられていたものの多くが、大した意味もないもの、単なる幻想か儀式か、さもなくば真っ赤な虚偽とみなされるようになってきたのだ。それと逆に、文化が伝統的に有罪とし、なんとか排除しようと努めてきたものの多くが、たとえば無秩序、暴力、非合理といったものが、かえってその方がほんものなのだという理由で、少なからぬ倫理的権威を与えられているのである」。

さらにトリリングは、「ほんもの」(authentic) という言葉のもとになったギリシア語には「十分な支配力をもつ」という意味とともに「殺人を犯す」という「激烈な意味」も含まれていた、と指摘する。人を示す場合、この語はしばしば加害者、殺人者、そしてときには自殺者をも意味した。こうしたニュアンスは、この言葉の現代の用法にも影響を残している。そこには「なにか激しいもの」がある。何らかの激烈な行為によって、社会生活の欺瞞性をうち破り、自己の存在感を奪回し、人生と世界に生気を与える——「ほんもの」の観念にはそういう含意がある。そして、クルツの「光の世界から闇の奥底への転落」とそれにともなう「怖ろしい行為」にも、「ほんもの」の激烈さがある。

一方マーロウはあくまでも「誠実な人間」である。コンラッドの作品には多くの誠実な人間が登場するが、彼らは大別して二つのタイプに分けられる。一つは、トマス・モーザーがその著名なコンラッド論のなかで「単純なヒーロー」と呼んだタイプであって、たとえば『ナーシサス号の黒人』のシングルトン、『青春』のビアード船長、『台風』のマクワー船長などによって代表される（Moser 1957）。彼らは、行動的で勇敢な海の男であり、海のモラルと仲間の連帯を重んじ、みずからに課された義務を疑うことなく受けいれ、これを忠実に、ベストをつくして遂行しながら、いわば単純明快に生きている。

だが、マーロウはこのタイプには属していない。彼は誠実ではあるが単純ではない。「単純なヒーロー」の基本的な特徴の一つは「内省的でない」（unreflective）ことであるが、マーロウは、単純なヒーローには見られない内省的態度と感受性、そして懐疑をもっている。そのため彼は、誠実のパラドックスを逃れることができない。自分の誠実がどこかで虚偽とつながっていることを彼は感知せざるをえない。マーロウは誠実な人間なので、このことを嫌悪し、また恥じるのだけれども、彼が誠実な人間である限り、ここから逃れることはできない。こうして彼はときおり「なにか自分がかたりででもあるかのような気がして仕方がなかった」り、「虚偽の塊りに転落」したような気分を味わったりしなければならないのである。これはしかし、必ずしもマーロウひとりの問題ではない。

マーロウは、いわば典型的なイギリス人である。「歴史心理学」の観点から「英国人の性格の起源」を探究したゼベダイ・バルブーによれば、「近代英国社会の成員に特徴的な精神構造ないしパーソナリティ構造の型《タイプ》」は一六世紀に形成され、それ以来、基本的な点においては変わっていないという(Barbu 1960＝一九七一)。この研究のなかでバルブーが指摘している近代英国人の性格上の諸特徴は、コンラッドの描くマーロウのパーソナリティにたいへんよく合致する。さらに、「近代初頭から、英国人のパーソナリティ構造は、いくつかの主要な点において近代西欧文明のパーソナリティ構造の原型になっている」とするバルブー説に従うなら、私たちは、マーロウという人物を(近代英国のみならず)近代西欧の文明人の一典型と見ることができる。このような意味で、マーロウの問題は彼ひとりの問題ではなく、むしろ時代の問題、あるいはバルブーの言う「歴史心理学」上の問題であろう。言いかえれば、多くの誠実な人間が、近代文明の生みだす誠実のパラドックスのなかで、みずからの生き方を贋ものと感じ、恥と感じざるをえないような状況があらわれてきたということである。そしてここに、誠実な人間が「ほんもの」に惹かれる理由がある。マーロウがクルツに魅せられる根本の理由がある。

3　悪夢としての文明

誠実な人間であるマーロウは嘘が嫌いである。彼にとってそれは単なる道徳的規範の問題ではない。むしろ生理的嫌悪に近いものを彼は嘘に対して感じる。「嘘といえば、僕にはなにか死の匂い、滅亡《ほろび》の呼吸《いぶき》が感じられる――そして、これこそ僕のもっとも恐れ憎む――そして切に忘れたいと思っていることなのだ。まるで腐ったものでも嚙んだような、胸苦しい不快を感じるのだ。気質なのだろう、きっと」。そのマーロウが、物語の最後で、クルツの婚約者に嘘をつく。

クルツの死後、「墓場のような都会」(ブリュッセル)に帰ったマーロウは、クルツの婚約者を訪ねる。クルツのすさまじい崩壊を知らず、彼の高潔な人格と才能を心から信じ敬愛しているこの女性に、これから自分が生きていく心の支え、「私の生命の杖」としてクルツの最期の言葉を教えてほしいと懇願されて、マーロウは真実を告げることができず、「お嬢さんのお名前でした」と嘘をつく。この場面についてはいろいろの解釈が可能であるが、いずれにせよ、これは作品のラスト・シーンであるから、この場面の解釈はどうしても作品全体の解釈にかかわってくる。そこで、ここでは、マーロウと文明とのかかわりという観点から、二つの対立する解釈についてまず触れておきたい。

一つは、例えばフレデリック・カールなどの解釈であって、これによると、クルツとの接触を通して文明とは巨大なまやかしにほかならないと感じるようになり「闇の誘惑」に屈服しかけていたマーロウが、クルツの高邁な理想——ひいては文明——に対する彼女のナイーブな信念のなかに救いを見いだし、再び西欧的倫理と良心をとり戻すのだという(Karl 1960＝一九七四)。これはいわば「文明への回帰」説である。一方、まったく逆に、マーロウはここで最終的に文明というものに見切りをつけ、いわば文明の彼方へ離脱するのだという見方もある。例えばジェラルド・カウヴァーの解釈がそうであって、彼によれば、マーロウがクルツの最期の言葉は「お嬢さんのお名前でした」と言うとき、彼は「地獄だ！　地獄だ！」というクルツの最期の言葉と彼女の名前とをオーバーラップさせているのであり、したがって、疑いを知らぬ「文明の天使」のような彼女こそ実は最大の虚偽であり「地獄」("The horror") にほかならないと言っているのだ (Kauvar 1971)。

これら二つの解釈は、いずれも部分的には当たっているとしても、全体としてはともにいささか一面的にすぎるように思われる。第一の解釈は、あまりに楽天的であり、また皮相である。第二のものは、なかなか穿った解釈であるが、いささか穿ちすぎの気味がないでもない。たしかにマーロウは、安っぽい騎士道精神から彼女に嘘をついたわけではないだろうし、また彼女を全面的に肯定しているわけでもない。彼女についてのマーロウの観察と判断は、ときにかなり辛辣である (第一の解釈はこの点を軽視している)。しかし、だからといって、マーロウが彼女を、ひいては彼女によって象徴される文明のある側面を、完全に否定したと見るのは単純にすぎよう。彼女に対する、また文明に対するマーロウの態度は、もう少し複雑であり、アンビバレントである。

マーロウが、一方で彼女のなかに「自分大事な、自己欺瞞的なヨーロッパの理想主義」(トリリング) の具現を見ながら、しかもなお、それを否定しきれなかったのはなぜであろうか。それは、彼が、あるいはむしろ作者コンラッドが、理想というものを、その欺瞞性や危険性にもかかわらず、やはり必要不可欠なものだと考えていたからだろう。何らかの「理想」ないし「観念」なくしては、人は生きていくことができない。それはいわば「生の支え」である。『西欧の眼の下に』(篠田一士訳) の主人公が言うように、「人間は常に自分より大きななにか——つまり観念というものに仕えるものなのだ」。むろん「懐疑」の観点に立てば、この種の観念、理想、理念はすべて「幻想」にすぎない。しかし、この幻想は必要である。マルタン・デクーの死が示しているように、人間は完全な懐疑のなかで、つまり懐疑によって完全に意味を奪われた世界のなかで生きることはできない。デクーは、その懐疑の極点で「宇宙をわけのわからないイメージの連続」と見る。これは、しかし、幻想ではない。彼はむしろ真相を見たのであり、世界は究極的には無意味だという懐疑の教えは正しいのである。しかし、そうであるからこそ、人間は「観念」(「幻想」)によって意味と価値の世界を創りださねばならない。この種の幻想なくしては、人間社会も、また人間が人間として生きることも不可能である。こうしてコンラッドは、R・ペン・ウォーレンがそのすぐれたコンラッド論のなかで述べているように、「人間が〈観念〉によって自己を正当化することの必要性、自己と自己の行為とにある種の倫理的意義を与えて理想化することの必要性、そして制裁手段をみいだすことの必要性」を認めた。いわば幻想の必要性に「屈服」すること、このアイロニーを認め受けいれること、それが「人間の宿命」であり、そして「人間の唯一の勝利」なのである。もしいっさいの「幻想」を否定するなら、それは「人間が人間として達成してきた貴重な成果」をも否定してしまうことになろう(Warren 1958=一九七五)。

マーロウは、コンラッドとともに、この「幻想の必要性」を認めた。だから彼は、クルツの婚約者を全面的に否定することができず、結局、嘘をついて彼女の幻想を護ったのである。このように考えると、彼が文明を否定し、文明の彼方へ離脱したという解釈をとることはむずかしくなる。たしかに彼は、文明の虚偽を感知した「誠実な人間」として、「ほんもの」であるクルツに強く惹かれはしたけれども、みずから「ほんもの」となって文明の彼方へ歩み出ることはついになかった。結局のところ彼は、その最後の虚言によって文明の側に立ち、文明に加担したのである。とすれば、私たちはここで第一の解釈に戻ることになるのか。そうではない。たしかに彼は文明に加担し、文明のなかにとどまる道を選んだが、だからといって、文明が虚偽であり「死の匂い」に満ちていることを忘れてしまったわけではない。したがって、そういう文明のなかにとどまることは、彼にとって「悪夢の選択」(a choice of nightmares) であったに違いない。かつてマーロウは、クルツと中央出張所の総支配人との間で、同じ種類の選択に直面した。

……僕としては、この時ほど陋劣《ろうれつ》唾棄《だき》すべき空気を感じたことはなかった。僕はそれから逃げるように——そうだ、たしかに逃げ出したいという気持だった——ふとクルツのことを考えた。そしてわざと力を入れて言ってやった、「だが、とにかくクルツ君というのは、えらい人間だよ」。すると彼〔支配人〕は、ハッと驚いたように、一瞬暗い冷い眼をして僕の顔をチラと見たが、静かに、「なるほどそうだった、ことはたしかだねえ」と言うと、クルリと僕に背中を向けた。

こうしてマーロウは「クルツの同類」とみなされ、はっきりと支配人に敵対することになる。支配人がクルツについて「やり方が悪い」と非難したように、「僕もまたやり方が拙かった!」とマーロウはつぶやく。「だが、たとえ悪夢にせよ、少なくとも、ましなほうを選択できるということは、ちょっとしたことではないか」。

マーロウは、クルツと支配人とによってそれぞれ体現されている二つの悪夢から一つを選んだ。二人はともに帝国主義的欲望を追求しているのだが、クルツの追求の仕方は必ずしも帝国主義的ではない。いわば、より「純粋」であり、狡猾さに欠けている。だから、支配人によって「やり方が拙い」、「まだ強行手段の時機じゃない」と批判されるのである。「クルツのやったことは、会社のためになったというよりは、むしろ害をなしている方が大きいんだからねえ。それにまだ強行手段の時機じゃないという、そのことさえあの男にはわからなかったんだ。とにかく慎重に、――というのが僕の主義なんだ。まだまだ慎重にやらなくちゃ駄目だ。これでこの地方も、当分はわれわれ閉め出しというもんだ。残念な話さ。全体として商売の打撃は相当なもんだろうよ」。

マーロウにとっては、支配人の体現する悪夢にくらべれば、クルツの悪夢のほうがまだしも好ましいものであった。むろん、これもまたおそろしい悪夢には違いないけれども、少なくともそこには「ほんもの」の輝きが感じられた。

だが、これは最後の選択ではなかった。クルツの婚約者との会見において、マーロウは再びこの種の選択を迫られる。そして、今度は彼は文明の側に立つ。つまり、文明という悪夢を選ぶのである。この選択に、クルツの婚約者の疑いを知らぬ信念が影響を与えたことは明らかであろう。彼女の「大きな幻影《イリュージョン》」は、この世を支配する「勝ち誇る闇黒」のうちに「この世ならぬ光」を放っているかのように思われた。それはたしかに文明の最善の部分につながっている。しかし同時にそれは、どこかで、クルツの悪夢にも、またあの支配人の悪夢にも結びついているのだ。クルツとの接触を通して、マーロウはそのことを認識した。文明の最善の部分は、同時に文明の最も脆い部分、容易に無残な崩壊につながる部分であり、またそれは文明の最も醜悪な部分、「陋劣唾棄すべき」部分とも決して無関係ではない。こうして、マーロウの選択は「悪夢の選択」たらざるをえないのである。

人生は、いわば悪夢の選択の連続である。私たちは、いくつかの選択可能な悪夢のうちから、せめて選択の余地があることに感謝しながら、いくらかでもましな悪夢を選んで、そのなかで生きていくほかはない。マーロウは、クルツの悪夢のなかに「ほんもの」の輝きを認め、それに惹かれながらも、結局は「誠実な人間」として文明のうちにとどまる道を選んだ。文明という悪夢のなかで「いわば河馬の腐肉を嗅ぎながら、しかも毒気に当らないように」努めつつ生きていくこと——これが、マーロウの、そしてまたコンラッドの、最終的な選択であった。

むろん、この選択をどのように評価するかは、また別の問題、つまり読者ひとりひとりがそれぞれに判断すべき問題であろう。

文　献

Baines, J., 1960, *Joseph Conrad: A Critical Biography*, McGraw Hill.
Barbu, Z., 1960, *Problems of Historical Psychology*, Routledge & Kegan Paul.（＝一九七一、真田孝昭ほか訳『歴史心理学』法政大学出版局）。
Berthoud, J., 1978, *Joseph Conrad: The Major Phase*, Cambridge University Press.

Karl, F. R., 1960, *A Reader's Guide to Joseph Conrad*, Noonday Press.（＝一九七四、野口啓祐・野口勝子訳『ジョウゼフ・コンラッド』北星堂書店）。
Kauvar, G., 1971, "Marlow as Liar," in R. Kimbrough, ed., *Heart of Darkness*, A Norton Critical Edition, W. W. Norton.
Moser, T., 1957, *Joseph Conrad: Achievement and Decline*, Harvard University Press.
Trilling, L., 1971, *Sincerity and Authenticity*, Harvard University Press.（＝一九八九、野島秀勝訳『〈誠実〉と〈ほんもの〉』法政大学出版局）。
Warren, R. P.,〔1951〕1958, "The Great Mirage: Conrad and *Nostromo*," in *Selected Essays*, Random House.（＝一九七五、大熊栄訳「壮大な幻想——コンラッドと『ノストローモ』」『筑摩世界文学大系50　コンラッド』筑摩書房）。

付　記

『闇の奥』にはいくつかの邦訳（岩清水由美子、藤永茂、黒原敏行などによる）があるが、ここでの引用は中野好夫訳（岩波文庫）に依った。この訳本は一九五八年に第一刷が出版された。ここでは第六三刷（二〇一七年）に依拠したが、引用の文脈を考慮して訳文を少し変えた場合もある。

初期シカゴ学派と文学

1　ジャーナリズムの世界

一九二〇年代から三〇年代前半にかけて、全盛期のシカゴ学派都市社会学を率いていたロバート・E・パークは、常々学生や院生に対して、社会学の文献だけでなく、シオドア・ドライサーやシンクレア・ルイスなども読むように勧めていたという。

ドライサーの処女長編『シスター・キャリー』は一九〇〇年に出版されたが、版元のダブルデイ＝ペイジ社が不熱心だったこともあって、ほとんど評判になることもなく、売れ行きもきわめて悪かったという。しかし一九〇七年にドッジ社から再刊されると、今度はそう悪くない評判と売れ行きを示した。そして一九一一年、ドライサーの第二作『ジェニー・ゲルハート』が出版されて批評家からも好評を博すと、それにつれて『シスター・キャリー』の評判も高まり、パークがシカゴ大学で講義を始めた一九一三年頃には、すでにアメリカ自然主義文学の重要な作品としての評価が形成されつつあった（Mitchell 1998）。さらに一九二〇年代に入ると、シンクレア・ルイスの『メイン・ストリート』（一九二〇）や『バビット』（一九二二）、ドライサーの『アメリカの悲劇』（一九二五）なども出版され、いずれもベストセラーとなって広く読まれた。

一九〇三年にドイツ留学から帰って、シカゴ大学で教職につくまでの間、パークはコンゴ改革協会（Congo Reform Association）の活動にかかわり、さらに当時の代表的な黒人指導者で黒人教育事業の推進者、ブッカー・T・ワシントンの秘書兼協力者（兼ゴーストライター）のような仕事をしていたが、もともとはジャーナリスト出身である。一八八七年にミシガン大学を卒業したあと、まずミネアポリスに出て、ここの『ジャーナル』紙の記者となる。三年ほど勤めたあと、「野心的な新聞記者のメッカ」であるニューヨークをめざし、デトロイトやデンバーの新聞社を経て、一八九二年にはニューヨークの大衆紙『モーニング・ジャーナル』の記者となって警察関係を担当し、同時にピュリッツァーの経営する大衆紙『ワールド』の日曜版などにも寄稿するようになる。のちに触れるように、一八九四年、ニューヨークに出てきたばかりのドライサーが記者として雇われることになったのも、この『ワールド』紙である。

「野心的な新聞記者」らしく、パークも、マンハッタンを背景に新聞記者を主人公とした小説を書き、ほかに戯曲なども試みたが、成功しなかった。そして、ニューヨークのようなところでは活躍できる記者生命がきわめて短いことを悟り、別の道への転身も考えて、ドライサーとほぼ入れ違いにこの都市を去るが、その後もデトロイトやシカゴで記者稼業を続け、一八九七年にハーバードの大学院に入るまで、パークの記者生活は結局一一年に及んだ（Matthews 1977; Raushenbush 1979）。

このジャーナリズムの世界での経験、とりわけ都市のさまざまな側面を記者として取材した経験が、都市の多面性と活力に対するパークの認識を深め、また「社会有機体としての都市」といった考えを育て、のちのシカゴ学派都市社会学の展開に重要な意味をもったということについては、よく知られているところである。この観点をさらに拡張して、ロルフ・リンドナーは、世紀転換期のアメリカにおける新聞・雑誌ジャーナリズムと初期シカゴ学派との密接なつながりを強調した（Lindner 1990 = 1996）。

リンドナーによれば、一九二〇年代から三〇年代にかけてのシカゴ学派都市社会学が扱った対象のほとんどは、一九世紀末から二〇世紀初頭にかけてのジャーナリズムの世界で、有能なジャーナリストによってすでに扱われていた。このことを詳細に跡づけながら、リンドナーは、例えばジェイコブ・リースによるスラムのリポート『貧乏人の暮らし』（一八九〇）、ジョサイア・フリント〔ウィラード〕の『浮浪者とともに』（一八九九）、ハッチンズ・ハプグットの『ゲットーの精神』（一九〇二）や『ある泥棒の自伝』（一九〇三）、リンカン・ステファンズの『都市の恥辱』（一九〇四）などを代表的な例としてあげている。これらの多くは書き下ろしではなく、新聞や雑誌の連載記事などをあとで本にまとめたものである。大都市の影の部分に踏み込んだこれらのルポルタージュは、当時のジャーナリズムの呼び物の一つであり、初期シカゴ学派の諸作品、アンダーソンの『ホーボー』（一九二三）、ワースの『ゲットー』（一九二八）、ゾーボーの『ゴールド・コーストとスラム』（一九二九）、ショーの

『ジャック・ローラー』(一九三〇)などを先導する役割を果たした。

さらにリンドナーは、扱う対象だけでなく、その扱い方や調査のテクニックなどにおいても、シカゴ学派都市社会学はジャーナリズムが開発した方法を受け継いでいると言う。当時活躍した現場のジャーナリストの多くは、いわゆる「サツ回り」の記者(police reporter)であった。彼らは、犯罪、喧嘩、火災、事故、自殺、売春など、あらゆる市井の事件を扱う。記者時代のパークも、ニューヨークでは、イーストサイドのマルベリー街を担当するポリス・リポーターだった。ここはイタリア系移民が多く住む貧困地区で、事件も多く、一八九〇年代の初め頃は、前記のリースやステファンズ、それに一八九三年に『街の女マギー』を自費出版するスティーヴン・クレインなど、錚々たる面々が取材と報道にしのぎを削っていた。のちにパークは、「とにかく現場へ行け」「そこの雰囲気をつかめ」「人びとと知り合いになれ」という指示を繰り返し学生たちに与えたというが、それはおそらく、記者時代に身に沁みついた実践的な教訓だったに違いない。

のちに「身元を秘した参与観察」(concealed participant observation)などと呼ばれることになるテクニックも、もともとジャーナリズムの世界でロール・リポーティング(role reporting)と呼ばれていたものであり、一八九〇年代にはすでに盛んに用いられていたという。その代表格は、ネリー・ブライという筆名で知られた女性記者、エリザベス・コクランである。彼女は、ニューヨーク『ワールド』の記者として、ジュール・ベルヌの『八十日間世界一周』に挑戦、七二日六時間一一分で旅を終えて一躍有名になったが、記者としての彼女の本領はむしろ、それらしい役を演じてさまざまなところに潜入するロール・リポーターとしての仕事にあった。ピッツバーグの『ディスパッチ』紙を経て一八八七年にニューヨークに出てきたコクランは、世界一周のほかにも、例えば被害妄想病患者を装って悪名高い精神病院に入院してその内情を記事にしたり、犯罪者を装って女子刑務所に潜入したり、貧しい病人のふりをして困窮者用の病院の実態を報告したりと、多彩な活躍をした。女子刑務所の場合もそうであるが、彼女はしばしば女性でなければできない役を演じ、デパートの売り子（のちにシカゴ学派の社会学者フランシス・ドノヴァンが取り上げる「セールスレディ」）や住み込みのメイドなどの生活や労働条件についても、実際に経験したうえでヴィヴィッドなルポルタージュを書いた。

二〇世紀に入ると「大都市の生活に対するジャーナリズムの関心は政治的な性格を帯び、〈マックレイキング〉の形をとった」とリンドナーは指摘する。マックレイキング（muckraking）というのは、もともとは「イエロー・ジャーナリズム」に近い蔑称的な言葉だったが、政治権力や大資本の不正や腐敗、スキャンダルなどを暴露し批判するジャーナリズム活動という中立的な意味でも使われる。その主要な舞台となったのは、「一〇セント雑誌」と呼ばれた新しい大衆雑誌、つまり従来の『アトランティック』『センチュリー』『スクリブナーズ』など、どちらかと言えばハイブロウな雑誌に対抗して生まれてきた『マクルアーズ』『コズモポリタン』『エブリボディーズ』などの大衆雑誌であった。そして、このマックレイキング・ジャーナリズムによって、一見もっともらしい見せかけの背後に隠された暗部、たとえば警察や司法関係者の腐敗、大企業の無法、誰も疑わない大掛りな闇取引などが次々と暴かれていく。「スタンダード石油社の歴史」を『マクルアーズ』に連載したあと二巻本として出版した女性ジャーナリスト、アイダ・ターベル、同じく『マクルアーズ』に職業的犯罪者たちへのインタビューに基づいて「不正利得の世界」を書いたJ・フリント、ニューヨークやシカゴをはじめ、セントルイス、ピッツバーグ、フィラデルフィアなど、大都市の政治腐敗を「都市の恥辱」として暴いたステファンズらがこの時期の代表的なマックレイカーとみなされている。なお、コンゴ改革協会時代のパークも、『エブリボディーズ』に、「ビジネスする王様」（一九〇六年一一月号）、「コンゴをめぐる恐ろしい話」（同年一二月号）、「コンゴの血まみれの金」（一九〇七年一月号）など、（コンラッドが『闇の奥』で描いた）ベルギー王レオポルド二世のコンゴ支配を告発するマックレイキング型のエッセイを書いている（Lyman 1998）。

リンドナーによると、世紀転換期のアメリカ・ジャーナリズムの世界でポリス・リポーターやロール・リポーター、あるいはマックレイカーたちによって開発された方法やテクニックがシカゴ学派都市社会学においても引き継がれ活用されているのだが、これまでの社会学史などでは、この点はあまり指摘されず、むしろ人類学の方法を採り入れたというのが定説となってきた。よく知られているように、パーク自身も、アーネスト・W・バージェスとの共著『都市』（一九二五）の冒頭に置かれた論文のなかで、人類学が未開社会の研究に用いてきた「辛抱強い観察法」をシカゴのリトル・イタリーやニューヨークのグリニッチ・ヴィレッジなどの研究に適用することによって多大の成果を挙げうる、という意味のことを述べている。この「都市——都市環境における人間行動の調査のための提言」というパークの論文は、もともと一九一五年に『アメリカ社会学雑誌』（AJS）に発表されたものであるが、人類学に触れた箇所は初出時にはなく、『都市』への収録に当たって書き加えられた文章である。そして『都市』が出版された一九二五年頃には、すでにマリノフスキーの『西太平洋の遠洋航海者たち』(一九二二)やラドクリフ＝ブラウンの『アンダマン諸島民』(一九二二)なども出版され、人類学の参与観察法への評価が高まりつつあった。このような事情を考えると、パークの発言は「一種の正当化」であり、実際には世紀転換期のジャーナリズムの世界、とくにそこで盛んであった「都市ルポルタージュ」の流れからの影響が大きかったとリンドナーは結論している。

もちろん、リンドナーの意図はシカゴ学派の評価を貶めることにあるのではない。これまでよりもいくぶん広い文化的背景のもとにシカゴ学派を置いてみる、というのが彼のポイントであろう。ただし彼はジャーナリズムに焦点を絞ったので、パークが学生たちに勧めたというドライサーやルイスの文学についてはほとんど議論していない。『シスター・キャリー』も『メイン・ストリート』も、ほんのついでに言及するといった程度の扱いである。しかし、リンドナー自身も述べているように、当時のジャーナリズムと、ドライサーやルイスを含むアメリカ自然主義文学の発展とは密接に関連していた。また、例えばホーボーの生活ぶりなどは、ジャーナリストだけでなく、ジャック・ロンドンやW・H・デイヴィスらの文学者によってもしばしば描かれていた(London 1907＝一九九五、Davies 1908＝一九九六、Feied 1964＝一九八八)。アンダーソンの『ホーボー』も、最初は「ホボヘミア」というタイトルでの出版が考えられていたのだが、シンクレア・ルイスに同名の短編小説(一九一七)があるため、「ホーボー」という題名に落ち着いたという。

このように考えるなら、ジャーナリズムの世界からさらに視野を広げて、ジャーナリズムを含む広い意味での文学あるいは文芸に目を向けることが望ましいと思われる。パーク自身、例えば小説とジャーナリズムをともに「文学の形式」と考えていたのだから（Park 1940＝一九八六）。

2　成功と零落の物語

『シスター・キャリー』はアメリカ自然主義文学の代表的な作品の一つであると同時に、B・H・ゲルファントが論じたように、すぐれた「都市小説」でもある（Gelfant 1954）。そこにはドライサーのジャーナリストとしての経験が反映されている。パークと同じく、ドライサーもジャーナリストとして出発し、作家として生活が安定するまで、新聞記者、雑誌編集者として長らくジャーナリズムの世界にかかわっていた。一八九二年にシカゴの『デイリー・グローブ』の記者となったのを皮切りに、セントルイスの『グローブ・デモクラット』や『リパブリック』に勤め、さらにトレド、クリーブランド、ピッツバーグなどの新聞社を転々としながら、一八九四年一一月、ニューヨークにたどり着き、ピュリッツァーの『ワールド』の記者となる。その頃、ドライサーよりも七歳ほど年長で、五年ほど早くジャーナリズムの世界に入っていたパークは、すでに触れたように、ほぼ入れ違いにニューヨークを去っていた。

記者時代に、大都市のここかしこを歩き回り、明暗さまざまの出来事を取材し、多くの都市ルポルタージュを書いたドライサーの初めての長編小説『シスター・キャリー』がすぐれた「都市小説」となったのは、当然のことかもしれない。例えば、この小説の後半、第四〇章から四一章にかけて、「ブルックリンの路面電車のストライキ」を扱った部分がある。従業員のストライキに対して会社側は失業者を雇い、速成で運転の基本を教えて、電車を動かす。このストライキは、一八九五年一月に実際に起こり、約一か月間続いた。村山淳彦の『シスター・キャリー』(岩波文庫)訳注によると、「ストライキの描写には、ドライサーが当時記者をしていた『ワールド』などの新聞記事が利用されている。また、一八九四年三月にオハイオ州トレドで起きた市電のストライキについて、ドライサーが、アーサー・ヘンリーの経営する新聞『トレド・ブレイド』の記者として書いた記事も一部……組み込まれている」。また四五章の、ホームレスたちを一列に並べてその夜の宿泊代を街頭で募金する情景の描写にも、ドライサーが一八九九年に『デモレスツ・マガジン』という雑誌に発表した記事が利用されているという。

『シスター・キャリー』は、中西部の田舎町に生まれ育った一八歳の娘が、「謎にみちた都会の偵察に乗り出しつつ、はるかな高みへかけ上るという、何かはっきりしないながらとてつもない夢を抱いて」シカゴに出てくるところから始まる。

キャロライン・ミーバーは、シカゴ行きの午後の列車に乗り込んだ。そのとき手に持っていたものといえば、小さなトランクが一つ、人造ワニ革製の安物の手提げ鞄、紙袋に入れた小さな弁当、黄色い革製のがま口、そのなかに入れた切符、ヴァン・ビューレン通りに住む姉の住所が書いてある紙片、それにおかねが四ドル、それだけだった。時は一八八九年八月のこと。年齢は十八歳。頭はよいが、内気で、無知と若さゆえの幻想をいっぱい抱えていた。(村山淳彦訳、第一章)

一八八九年のシカゴは、前代未聞の成長を遂《と》げている真っ最中で、若い娘たちさえもこのように胸躍《おど》る旅に出てやってくるのは、無理もないと思えるような都市だった。稼ぎにありつける可能性にあふれていて、まだまだ発展中だという噂《うわさ》は遠くにまで広がっており、そのために、あらゆるところから希望にみちた人びとや希望を失った人びとを引きつける巨大な磁石になっていた——これから運だめしをしてみなければならない人びとも、すでにどこかで運がつきてみじめな結末を見てしまった人びともやってきた。(第二章)

当時のシカゴについてドライサーは「人口五〇万を超える都市」と書いているが、これは不正確で、一八八九年当時のシカゴはすでに百万都市であり、ニューヨークに次ぐアメリカ第二の大都市になっていた。そのシカゴに出てきたキャロライン(キャリー)は、姉の家に寄宿しながら仕事を探して歩きまわるが、なかなかうまくいかない。ようやく見つけた靴の型抜きの仕事も、きつい流れ作業であるうえに週給四ドル五〇セントの安賃金。姉に食費の四ドルを渡すと、手許には五〇セントしか残らない。三週間ほど働くが、熱を出して仕事を休み、そのまま失職してしまう。そんなとき、シカゴへ来る汽車のなかで知り合った遊び人のセールスマン、ドルーエと再会し、たちまち誘惑されて同棲することになる。

さらにキャリーは、ドルーエの友人ハーストウッドに紹介され、この中年の「上品な紳士」に心惹かれる。ハーストウッドは、シカゴの名士たちが集まる有名なバーの支配人で、彼自身「とても成功した名士」とみなされており、「いかにもそれらしい人物」に見える。

ハーストウッドには妻と息子と娘がいて、表面的には平穏に暮らしているが、その家庭生活は決して幸福なものとは言えない。そのこともあって、ハーストウッドもまたキャリーに惹かれる。そして、ある夜、ハーストウッドの店の出納係が金庫の鍵をかけ忘れるという出来事があり、ハーストウッドは迷いながらも金庫の金を持ち出し、ドルーエが怪我をしたと嘘をついてキャリーを連れ出し、そのまま駆け落ちしてしまう。二人はモントリオールを経てニューヨークに落ち着き、ハーストウッドは再びバーの経営にかかわって一旗あげようとするがうまくいかず、しだいに零落していく。シカゴでは「名士」とされていたハーストウッドだが、「ニューヨークのような大海では、とるにたらぬ一滴の水にすぎない」。

ハーストウッドがバーの経営に失敗し、蓄えも底をついてきたため、キャリーはカジノ座のコーラスガールの仕事を見つけ、週給一二ドルで働き始めるが、これがきっかけとなって、女優として芽が出てくる。一年も経たないうちに週給も三五ドルとなり、失職して家でぶらぶらしているだけのハーストウッドを捨て、コーラスガール仲間の友人ローラと二人で部屋を借りることにする。

出ていくことに決めたその夜に目にしたハーストウッドは、甲斐性《かいしょう》のない意気地なしというよりも、運に見放されて打ちのめされているだけのように見えた。目には鋭さがなく、顔にはしみが浮き、手は弱よわしい。髪にはちょっと白いものが見えるような気がする。捨てられようとしていることも知らないで、揺り椅子に座って新聞を読んでいる。その姿をキャリーは盗み見ていた。

……結局この人が悪いわけではないのかもしれない。シカゴでは羽振りがよかったのに。キャリーは、公園で逢い引きをした日々のハーストウッドの立派な風采を思い出した。あの頃のこの人は、とても陽気で、とても清潔だった。それがこのありさまになったのは、何もかもこの人の罪なのかしら。（第四二章）

キャリーに捨てられてからハーストウッドはますます落ちぶれ、ついには物乞いで食いつなぐところまで追い込まれる。一方キャリーは、軽演劇の女優として人気を博し、ロンドン公演をも成功裡に終えて、今やニューヨークの高級ホテル、ウォルドーフ・アストリアで暮らす身分になっている。

ブロードウェイの三十九丁目には、白熱灯に照らし出されてキャリーの名前が浮かび上がっていた。その看板には「キャリー・マデンダとカジノ座劇団」と書いてある。この光線を受けて、融けかけた雪の積もっている歩道は、隅ずみまで光っていた。あまりの明るさに、ハーストウッドの目が引かれた。見上げると、金縁の大きな掲示板に、キャリーの等身大のみごとな石版肖像画が貼ってあった。

ハーストウッドは一瞬それを見つめた。鼻水をすすり、あたかも何かにくすぐられているかのように片方の肩を引きつらせた。しかし、あまりにも落ちぶれていたので、ほんとうは頭がはっきりしていなかった。

ようやくキャリーに話しかけるように言った。「おまえか。おれではもの足りなかったのか、ふん！」。（第四七章）

この数日後、ハーストウッドは、一泊一五セントの安宿の一室でガス自殺をとげる。キャリーの成功とハーストウッドの零落とを対比させながら、ドライサーは、都市をそういう人生の浮沈の場、社会的上昇と下降が交錯する空間として描き出している。この点は、のちに階層間の上昇移動と下降移動を含む「社会移動」（social mobility）の概念として、P・A・ソローキンらによって社会学的に洗練されていくことになるが、社会移動の舞台としての都市、成功と零落の物語が交錯し展開する場としての都市という視点は、例えば『ホーボー』や『ゲットー』、『ゴールド・コーストとスラム』、『ジャック・ローラー』、『タクシー・ダンスホール』など、多くの初期シカゴ学派のモノグラフにおいても、いわば暗黙のパースペクティブとしてほぼ共有されていたと言える。

3 消費文化の光と影

『シスター・キャリー』はまた、大都市において当時発展し始めていた「消費文化」の姿を先駆的に、しかも鮮やかにとらえた作品としても評価されている。

例えば、消費文化の発展に大きな役割を果たしたデパートという装置は「当時、経営が波に乗りはじめた」頃で、「地味な商売という原理からこんな華やかな現象が生じるとは、この当時まで世界に類を見なかったこと」であった(第三章)。シカゴに来て間もなく、求職のためにデパートを訪れたキャリーは、就職には失敗するが、その華やかさにすっかり心を奪われる。

カウンターそれぞれに、目もくらむほどの品物が、魅力たっぷりに展示されている。装身具や貴金属一つひとつに、どうしようもなく心を奪われたが、立ち止まりはしなかった。ここには、あたしに使えないものは一つもない——欲しいものばかりだ。あの可愛らしい室内履《しつないば》きやストッキング、優美な襞飾りのついたスカートやペチコート、レースにリボンに櫛《くし》にハンドバッグ。みんなそれぞれ別個の欲望をかき立ててくれるが、どれ一つとして自分に買えるような品ではない。その事実が痛いほどわかった。あたしは仕事を探しにきた人間だ。職もないような除け者だ。並みの従業員だって、あたしを一目見れば、貧乏で、勤め口を探していることがわかるだろう。

（第三章）

しばらくして、キャリーはドルーエに貰った二〇ドルを持って同じデパートに行く。

前にこの店にはじめて入ったときから、そのすばらしさを高く買っていた。前回は急ぎ足で通り過ぎるだけだった美しい品物を、今度は一つひとつじっくりと見て歩いた。それが欲しさに女心が熱くなる。これを着たらどういう具合だろうか。あれを身につければどんなに可愛らしくなることか！　……決心さえすれば、このなかから一着すぐにでも買えるんだ。宝石売り場でも時間をかけた。イヤリング、ブレスレット、襟留《えりど》め、ネックレス。こういうものが全部買えたら、何をあげてもいいわ！　こういうものを少しでも身につけることさえできたら、あたしだってすてきに見えるはずよ。（第七章）

さらにしばらくすると、ドルーエと同棲したキャリーは彼のお金で流行の衣服や化粧品を買い整え、実際に「すてきに見える」ようになっていく。

鏡をのぞいてみると、ずっと前から思っていたことが確信できた。そうよ、あたしはきれいなんだ、ほんとに！　帽子もちゃんときまっているし、目もきれいじゃない？　赤く塗った小さな

唇を軽く嚙《か》んで、自分の魅力をはじめて確認する興奮を覚えた。ドルーエはなんていい人なんでしょう。（第八章）

キャリーがドルーエの誘惑に比較的簡単に屈してしまうのは、ドルーエ自身の魅力によるというより、むしろドルーエの背後に輝く都市の魅惑、消費文化の誘惑によるのだ。そのことをドライサーは的確に描いている。キャリーはドルーエを通じて都市的な消費文化に接近し、またその扱い方を学んでいく。それは「富がまとう皮相の姿」についての学習であり、キャリーは「覚えの早い生徒」であった。

ある品物を見るとすぐに、それをうまくものにできたら自分はどう見えるようになるかと考えはじめる。言うまでもなくこれは、高尚な反応ではないし、分別のあることではない。立派な精神を持っている人たちは、こんなことで心を悩ませはしない。だが反対に、きわめて低級な精神の持ち主も、こんなことで心を動かされはしないのだ。キャリーにとってきれいな衣服は、したたかな説得力をそなえていた。衣服は甘い言葉で、またイエズス会士のような詭弁《きべん》を弄して、自己主張する。その訴える言葉が耳に届くところに足を踏み入れると、内なる欲望がその言葉に聞き入る。無生物と呼ばれるものの声！（第一一章）

このようにしてキャリーは消費文化の魅惑にとらえられ、その記号的世界に巻き込まれていく。そのへんの描写なども含めて、レイチェル・ボウルビーやウォルター・マイケルズらは、資本主義の変容（消費資本主義の登場）に対応していわばボードリヤール風の世界の到来を予告した作品として『シスター・キャリー』をとらえた（Bowlby 1985＝一九八九、Michaels 1987）。

キャリーの対極には、消費文化のメカニズムに批判的な青年、エイムズも登場する。エイムズは、ニューヨークでキャリーが住んだアパートの隣人、ヴァンス夫人のいとこであるが、ヴァンス夫人がキャリーにとってファッショナブルな着こなしや身ごなしの指南役であるのに対し、むしろ消費文化への批判者としての役割を演じる。ヴァンス夫妻から食事と観劇を誘われたとき、キャリーは初めてこの青年に会う。四人いっしょに高級レストランで食事をしながらエイムズは、豪奢な食事に大金を費やす人たちを批判して、「あの連中の払う金額と言ったら、こんなものの本当の値打ちをはるかに超えていますよ。見せびらかしているんです」と言い、またそういう浪費は「人間の幸福」とは関係がないと言ってキャリーを驚かせる（第三二章）。

エイムズは、ここで「誇示的消費」（conspicuous consumption）を批判しているわけだが、このエイムズの発言に対してヴァンス夫人は「持っているのなら、使って悪いということはないと思うわ」と言い、ヴァンス氏も「だれの害にもならないさ」と言う。「誇示的消費」という概念を有名にしたヴェブレンの『有閑階級の理論』は『シスター・キャリー』の前年、一八九九年に出版されてベストセラーとなり、パーティなどで「ヴェブレン風」に語ることが流行ったというから（宇沢 二〇〇〇）、この場面も、そういう状況を踏まえて描かれているのかもしれない。

エイムズの「ヴェブレン風」言説だけでなく、もっと実質的、現実的な問題も扱われている。ドライサーは、一方で消費文化の魅惑と活力を生き生きと描き出しながら、他方では消費文化のいわば影の部分にも目を向けている。例えば、シカゴへ出てきて仕事を探して歩きまわるキャリーの姿、やっと見つけた靴工場でのつらい労働、ニューヨークでしだいに落ちぶれていくハーストウッドをめぐる描写、前記の電車のストライキに関する部分などがそうである。ストライキが始まると、運転者を求める会社側の新聞広告にハーストウッドも応募し、一日だけの練習で、二人の警官にガードされて電車を運転するが、途中、スト破りに怒った労働者たちに囲まれ、ほうほうの体で逃げ帰る。

さらに、慈善事業に頼ってようやく食いつないでいる都市の貧窮者たちの姿も描かれている。ハーストウッドも最後には、「慈悲の聖母修道女会」の救貧院が支給する昼食の列に並ぶことになる。ここでは、援助を求める者には誰にでも、毎日正午に無料の食事が提供される。

この救貧院は広さが限られ、調理室もない。そのためやむをえず、一度に二十五人から三十人までぐらいしか入れず、どうしても戸外に、屋内に入る順番待ちの列ができることになった。このため毎日哀れな光景が現出したが、何年ものあいだ繰り返されているためにありふれたものとなってしまい、いまではそれを目にしても、だれも何とも感じなくなっている。並んで順番を待つ男たちは、厳寒のなか、畜牛のように辛抱強かった——入れてもらえるまで何時間も待ってい

る。（第四七章）

こうした影の部分のリアリスティックな描写によって、またそのストーリーの「不道徳性」によって、『シスター・キャリー』は当時のいわゆる「お上品な伝統」（genteel tradition）に反する作品とみなされ、のちにはその点が高く評価されるようになるものの、初めのうちは反発をかうことも多かったという。ジョージ・サンタヤナがそう名づけたこの伝統は、イギリスの「ヴィクトリアニズム」にアメリカ流のピューリタニズムと楽天主義が加味されたもので、当時のアメリカの中産市民階級において、したがってまた当時の出版界や文芸界においても、根強い力をもつ価値観であった。この伝統に沿った小説では、田舎から都会に出てきた若い娘は、いろいろ苦労はしても、結局は愛してくれる人を見つけ、結婚して幸福になる。若い娘の純潔や結婚の価値を強調する「お上品な伝統」から見れば、キャリーが二度も男と同棲し、しかもその道徳的な報いを受けることもなく成功していくという物語は、受け入れがたい「不道徳」なものであった。しかし、アメリカ社会の現実はもはやドライサーが描いた方向へと動きつつあった。その意味で、『シスター・キャリー』は当時の中産階級的価値観への「カウンター・ナラティブ」であり、また「中産階級的期待に違反するというより、むしろその種の期待が無視されてしまうような生活様式」の登場を予告するものであった（Mitchell 1998）。この小説はまた、キャリーの生き方を通してだけでなく、ハーストウッドの零落や、浮浪者を含む都市の底辺層の人びとの姿を描くことによって、いわば彼らの視点からも中流層の「お上品な伝統」を相対化している。そしてここにもまた、『シスター・キャリー』(ひいてはアメリカ自然主義文学)と初期シカゴ学派とのつながり、一種の照応関係を見ることができる。

一九二〇年代のシカゴ学派都市社会学についてピーター・バーガーは、中産階級的なお上品さ、まともさ、体裁のよさ——つまりは、リスペクタビリティ——を離れて社会を見る視点を確立したことがその最大の特色の一つだと述べている(Berger 1963＝二〇一七:第二章)。パークに率いられたシカゴ大学の研究者たちは、ノース・ショアに住むお上品な人びとなら「いかがわしい」と思うようなもの、つまりスラムやゲットー、安ホテルやタクシー・ダンスホール、非行や犯罪、浮浪者や売春婦などを主たる研究対象とし、そのことを通して、いわばいかがわしさの側から社会を見る視点(unrespectable perspective; unrespectable view of society)を獲得した。その結果、シカゴ学派はみずからが所属する中産市民階級の価値観やイデオロギーを多少とも相対化することができ、また修辞的イメージと実生活の混同に警戒的な姿勢や「反ロータリー・クラブ的な洞察」を育てていくことができたのである。バーガーによれば、この反ロータリー的洞察の達人がヴェブレンであり、有閑階級批判にせよ高等教育批判にせよ、彼の文明批評の根底にはこの洞察がある。パークがシカゴ大学に着任したときには、ヴェブレンはすでにシカゴ大学を去っていたが(一九〇六年)、パークをシカゴ大学に招いたW・I・トマスはシカゴ大学時代のヴェブレンの親しい友人の一人であった。トマスはまた、その研究のテーマやスタイルにおいて、シカゴ学派の黄金時代を準備した人物としても知られている。このトマスも、政治的スキャンダルに巻き込まれて一九一八年にはシカゴ大学を去るが、ヴェブレン風のアンリスペクタブルな視線と批判精神は二〇年代のシカゴ学派都市社会学に受け継がれ、アメリカ社会学のよき伝統を形成していくことになった、というのがバーガーの見方である。

しかしもちろん、それはヴェブレンだけの、あるいはヴェブレン、トマス、パークたちだけの功績ではない。すでに見たように、もう少し広い文化的背景として、リスペクタブルな視線の届かない現象を顕在化させていくロール・リポーターやマックレイカーたちのジャーナリズム活動があり、またドライサーをはじめアプトン・シンクレア、カール・サンドバーグ、シャーウッド・アンダーソン、シンクレア・ルイス、ジョン・ドス・パソスらを含む「お上品な伝統以後」の文学の流れ（Cowley 1964）があったことを忘れるべきではない。初期シカゴ学派は、そうした文化的潮流を受け継ぐとともに、いわばお上品な伝統以後の社会学として、みずからこの潮流の一翼を担っていくことにもなるのである。

おわりに——科学と文学の間

パークも、またパークとともにシカゴ学派都市社会学の全盛期を担ったアーネスト・W・バージェスも、社会学が「科学」であることを強調した。それは、彼ら二人の共著として一九二一年に出版された有名な教科書が『社会学という科学への入門』（*Introduction to the Science of Sociology*）と題されていたことからも明らかである。

「科学」性の強調は、一つにはもちろん、新興の学問である社会学のアイデンティティの主張という意味をもっていたが、もう一つには、初期のアメリカ社会学に強かった人道主義的・キリスト教的な社会改良主義との結びつきを断ち切るという意味もあった（この点については、Coser 1978＝一九八一が詳しい。なお、この種の改良主義は「お上品な伝統」とも親和性が強い）。一八九二年に開設されたシカゴ大学の社会学部も、初めのうちは改良主義との結びつきが強く、ジェイン・アダムズのセツルメント運動（ハルハウス）との連携などをアピールしていたが、第一次大戦を控えた世論の動向などもあってしだいに脱実践化し、「一九一二年には、……学生便覧の社会学部の位置づけにおいて、ハルハウスとシカゴ大学社会学部の結びつきをうたった部分が全面的に削除された」（高山 一九九八）。パークはそういう時期に赴任してくるのであるが、彼自身、ジャーナリストとしての長年の経験から、またコンゴ問題や黒人教育運動にかかわった経験から、もともと人道主義的・道徳主義的な改良運動には懐疑的であり、まず冷静に「客観的事実」を確かめるところから出発すべきだと考えていた。

シカゴ大学社会学部で長らくパークの同僚であったエルスワース・フェアリスは、パークの死に際して『アメリカ社会学評論』（ASR）に寄せた追悼文のなかで、パークは一貫して社会学は「客観的科学」であるという考えに立ち、したがって「社会学を何らかのプロパガンダの道具にしようとする試み」には常に反対した、と書いている。フェアリスによれば、一般には「改革」とみなされている事柄にもしばしば断固として反対したので、「彼の立場を誤解したソーシャルワーク関係の同僚たち」から非難されることもあったが、パークの真意は「社会学者は単なるアジテーターであってはならない」というところにあり、そうした過剰な政治性によって社会学の「客観的科学」としての「権威と影響力」の確立が妨げられることを彼は恐れたのだという（Faris 1944）。

E・W・バージェスによる追悼文も、パークが社会学の「科学」性を主張したことに触れ、パークは社会学を一種の「自然科学」と考えていたと述べているが、同時に自然科学とは異なる方法、「人間の研究に適した方法を案出していくことの必要性」をも彼は強調していたと指摘している（Burgess 1944）。パークがルポルタージュなどを含む広い意味での文学の意義を学生たちに説いたのは、一つにはこのことと関係があろう。パークにとって社会学は何よりもまず「人間性（human nature）についての科学」であり、その「人間性」の理解に欠かせないものが文学であった。逆に、数量的・統計的方法には彼はなじめなかったようである。パークにとってそれは「人間の研究に適した方法」ではなかったのだろう。

しかし一九二〇年代になると、社会学における「計量化」の進展が見られ、それによって「科学」としての社会学を基礎づけようとする考え方も強くなる。シカゴ大学においても、とくに一九二七年にウィリアム・F・オグバーンが着任し、サミュエル・ストゥファーらのような優秀な院生が育ってくると、そうした傾向が優勢になり、これに与しないパークはしだいに少数派となっていく。一方、早くから統計的手法に関心を示していたバージェスは、計量化の意義を認め、みずからこの種の手法を学ぶべく、一九二八年にはオグバーンの統計学のコースに出席した（初期シカゴ学派における計量的方法の発展については、Faris 1979; Bulmer 1984; 金子 二〇〇一、など）。

バージェスはパークに協力してともに初期シカゴ学派の全盛期を支えたが、世代の違いもあり、その学問観などにおいても、いくぶん異なる面があった。この点に関連して、モリス・ジャノヴィッツは、社会学の役割や社会的貢献についての「工学モデル」(engineering model)と「啓発モデル」(enlightenment model)という観点から、二人の考え方の違いに触れている(Janowitz 1972)。「工学モデル」は、基礎社会学(あるいは純粋社会学)に対する応用社会学(applied sociology)の確立と拡張によって、具体的な政策課題に「明確な解答」ないし「処方箋」を提供しうる社会調査の専門職を養成しようという考え方を基本とする。一方「啓発モデル」は、基礎と応用という区別の相対性を説き、具体的な政策課題に関しても、いくつかの可能な選択肢を示すことはできても唯一の「正しい」処方箋を書くことは不可能であり、むしろあまり気づかれていない問題の所在を明らかにしたり、問題の立て方自体を問題にしたり、ある選択肢を採用した場合の「意図せざる結果」(気づかれにくい副作用)を指摘したりすることが、社会学や社会調査の本来の役割であるとする。そして、ジャノヴィッツによると、パークが「啓発モデル」に立っていたのに対し、バージェスは明らかに「工学モデル」に傾いていた。もちろん、「工学モデル」が必然的に計量的方法に結びつくというわけではない。計量的方法に立脚しながら「工学モデル」にコミットしない人びともあった。しかし概して言えば、計量的方法の急速な発展が多かれ少なかれ「工学モデル」に力を与え、さらには社会学を一種の「政策科学」として位置づけようとする(あるいは正当化しようとする)傾向を後押ししたことは否定できない。

パークは、しかし、一貫して「啓発モデル」の立場を維持し、また「計量化」の進展に対しても、その限界を指摘するスタンスを崩さなかった。パークの考えでは、人間性や人間の行為はしばしばあまりに複雑なので、計量的方法によってはとらえきれない面があり、むしろ広い意味での文学から社会学者は有益な示唆を得ることができるのだ。

もちろん、パークは単に計量化の流れから取り残されたにすぎない、という見方もできる。だが、理由はどうあれ、パークの姿勢や発言が、スタンフォード・ライマンの言う「アメリカ的な計量実証主義」に対する「健全な懐疑」として（Lyman 1998）、さらには「工学モデル」や社会学の「政策科学」化に対する疑問として、またいわばヴェブレン風の批判社会学的要素を含む「啓発モデル」の擁護として、一定の意味をもったことはたしかである。

社会学の「科学」性を主張しながら、他方では「文学」からの示唆を大切にするというパークの姿勢は、ヴォルフ・レペニースが『三つの文化』において展開した議論に関連づけて考えることもできるであろう（Lepenies 1985＝二〇〇二）。レペニースによれば、社会科学（とりわけ社会学）はもともと「文学」と「科学」との中間の営みとして発生し発展してきた。その意味で社会学は、文学的文化と科学的文化とを対比するC・P・スノーの「二つの文化」論から言うと「第三の文化」に属し、例えば一九世紀中葉以降の社会変容、つまり新たな「産業社会」の出現を「正しく解釈し、近代人にある種の処世訓を提示することをめぐって」、しばしば文学と競合関係に立つことになった。そうした状況のなかで社会学は、一方では自然科学モデルへの接近を図ったり、逆に「科学主義」の限界を意識して文学に助けを求めたりと、「科学」と「文学」との間を絶えず揺れ動いてきた。この過程を、それがもたらした種々の影響や帰結を含めて、レペニースは、フランス、イギリス、ドイツの場合について歴史的に検討した。つまり、文学と自然科学と社会科学という三つの文化の動的な関係が、社会学を中心として、仏・英・独という三つの文化圏のなかで検討されているわけだが、そこでは触れられていないアメリカの文化事情とアメリカ社会学（とりわけ初期シカゴ学派社会学）について、レペニース流の観点から検討してみることも、今後の興味深い研究課題の一つであろう。

文献

Berger, P. L., 1963, *Invitation to Sociology: A Humanistic Perspective*, Doubleday Anchor Books.（＝二〇一七、水野節夫・村山研一訳『社会学への招待』ちくま学芸文庫）。

Bowlby, R., 1985, *Just Looking: Consumer Culture in Dreiser, Gissing and Zola*, Methuen.（＝一九八九、高山宏訳『ちょっと見るだけ』ありな書房）。

Bulmer, M., 1984, *The Chicago School of Sociology: Institutionalization, Diversity, and the Rise of Sociological Research*, University of Chicago Press.

Burgess, E. W., 1944, "In Memoriam: Robert E. Park, 1864-1944," *American Journal of Sociology*, 49(5).

Coser, L. A., 1978, "American Trends," in T. Bottmore and R. Nisbet, eds., *A History of Sociological Analysis*, Basic Books.（＝一九八一、磯部卓三訳『アメリカ社会学の形成』アカデミア出版会）。

Cowley, M., ed.,〔1937〕1964, *After the Genteel Tradition: American Writers 1910-1930*, Southern Illinois University Press.

Davies, W. H.,〔1908〕1964, *The Autobiography of a Super-Tramp*, Jonathan Cape.（＝一九九六、杜川卓訳『ある

放浪詩人の覚え書』松柏社)。
Faris, E., 1944, “Obituary: Robert E. Park, 1864-1944,” *American Sociological Review*, 9(3).
Faris, R. E. L., 〔1967〕 1979, *Chicago Sociology, 1920-1932*, Midway Reprint, University of Chicago Press.（＝一九九〇、奥田道大・広田康生訳『シカゴ・ソシオロジー 1920-1932』ハーベスト社)。
Feied, F., 1964, *No Pie in the Sky: The Hobo As American Cultural Hero in the Works of Jack London, John Dos Passos, and Jack Kerouac*, Citadel Press.（＝一九八八、中山容訳『ホーボー アメリカの放浪者たち』晶文社)。
Gelfant, B. H., 1954, *The American City Novel*, University of Oklahoma Press.（＝一九七七、岩元巌訳『アメリカの都市小説』研究社出版)。
宝月誠・中野正大編、一九九七、『シカゴ社会学の研究』恒星社厚生閣。
Janowitz, M., 1972, “Professionalization of Sociology,” *American Journal of Sociology*, 78(1).
金子雅彦、二〇〇一、「ストゥファーの実験的研究——一九三〇年前後のシカゴ大学における量的調査法」『シカゴ学派の総合的研究』科学研究費補助金研究成果報告書（研究代表者・中野正大)。
Lepenies, W., 1985, *Die Drei Kulturen: Soziologie zwischen Literatur und Wissenschaft*, Carl Hanser Verlag.（＝二〇〇二、松家次朗ほか訳『三つの文化』法政大学出版局)。
Lindner, R., 1990, *Die Entdeckung der Stadtkultur: Soziologie aus der Erfahrung der Reportage*, Suhrkamp Verlag.（＝1996, *The Reportage of Urban Culture: Robert Park and the Chicago School*, translated by A. Morris, Cambridge University Press).
London, J., 〔1907〕 1926, *The Road*, Greenberg.（＝一九九五、川本三郎訳『ジャック・ロンドン放浪記』小学館)。
Lyman, S. M., 1998, “The Gothic Foundation of Robert E. Park’s Conception of Race and Culture,” in L. Tomasi

ed., *The Tradition of the Chicago School of Sociology*, Ashgate.
Matthews, F. H., 1977, *Quest for an American Sociology: Robert E. Park and the Chicago School*, MaGill-Queen's University Press.
Michaels, W. B., 1987, *The Gold Standard and the Logic of Naturalism: American Literature at the Turn of the Century*, University of California Press.
Mitchell, L. C., 1998, "Introduction" to *Sister Carrie*, Oxford World's Classics, Oxford University Press.
大浦暁生監修、中央大学ドライサー研究会編、一九九九、『『シスター・キャリー』の現在』中央大学出版部。
Park, R. E., 1915, "The City: Suggestions for the Investigation of Human Behavior in the City Environment," *American Journal of Sociology*, 20(5).
———, 1940, "News as a Form of Knowledge: A Chapter in the Sociology of Knowledge," *American Journal of Sociology*, 45(5).（＝一九八六、町村敬志訳「知識の一形式としてのニュース」町村敬志・好井裕明編訳『実験室としての都市——パーク社会学論文選』御茶の水書房）。
——— and E. W. Burgess,〔1925〕1984, *The City*, Midway Reprint, University of Chicago Press.
Raushenbush, W., 1979, *Robert E. Park: Biography of a Sociologist*, Duke University Press.
Santayana, G., 1967, *The Genteel Tradition*, edited by D. L. Wilson, Harvard University Press.
Snow, C. P.,〔1959〕1998, *The Two Cultures*, Cambridge University Press.（＝一九六七、松井巻之助訳『二つの文化と科学革命』みすず書房）。
高山龍太郎、一九九八、「カリキュラムにみる初期シカゴ学派——一九〇五年から一九三〇年まで」『京都社会学年報』六、京都大学社会学研究室。
宇沢弘文、二〇〇〇、『ヴェブレン』岩波書店。

II　スポーツと武道

「芸術型」文化としてのスポーツ

1　スポーツ文化の形成

エヴェレストの悲劇

一九九六年の五月、エヴェレストで大きな遭難事件が起こった。日本のクライマー難波康子もこのとき遭難し、亡くなった。登頂そのものには成功し、日本人女性として田部井淳子に続く二人目のエヴェレスト登頂者となったのだが、そのあと引き返す途中で嵐にまきこまれ、キャンプに帰れなくなって命を落した。

ジョン・クラカワーの『空へ』は、この遭難事件を扱ったノン・フィクションである。著者自身、当事者の一人として登攀に参加していただけに、その記述は詳細で、迫力がある。クラカワーはアメリカのアウトドア雑誌『アウトサイド』の契約ライターとして、近年ふえてきたガイドつき営業登山隊（公募隊とも言う）の実態をレポートするために、ニュージーランドの有名なガイド、ロブ・ホールの率いる登山隊の顧客になった。難波康子もこの隊の八人の顧客の一人だった。営業登山隊というのは、要するに、強力なガイドとシェルパが顧客を手厚くサポートして登頂させる「登頂請負業」である。ホール隊の場合、ガイドはホールを含めて三人、シェルパが一一人、それにベースキャンプ・マネージャーと隊医がいる。この一六人のスタッフで八人の顧客をケアするのである。

ホールのそれまでの実績は抜群で、一九九〇年から九五年までの間に、三九人のクライマーをエヴェレストの頂上に導いた。この実績に基づいて、ホールは常々「健康な人ならたいてい登頂させることができる」と豪語していたという。そのかわり料金は一人当たり六万五〇〇〇ドル（当時のレートで約七八〇万円）。大金である。

同様の営業隊で、ホール隊と同じ日にアタックしたのが、「エヴェレスト市場に参入」したばかりのアメリカ人ガイド、スコット・フィッシャーの率いる隊である。やはり八人の顧客を抱えていた。クラカワーの本は、この二隊を中心に、人びとの動きを追い、一見ささいな連絡ミスや行き違い、錯覚、ホールとフィッシャーの微妙な競争意識などが複雑にからみあって遭難につながっていく過程を描き出す。結果として、両隊の隊長（つまりホールとフィッシャー）、ホール隊の若手ガイド一人、顧客二人の命が失われた。チベット側から別ルートで登った隊なども含めると、このときの嵐で九人が死亡した。

スポーツとは何か

クラカワーは十分なキャリアと技倆を備えたクライマーであり、「登山の一番の価値は、このスポーツが自助努力を旨とし……個人の責任において事に当たり、重要な決定をなすところにある」と考えている。「だが、ガイドの顧客として契約書にサインした時点で、そういったものはすべて――いや、それ以上のものまで――あきらめざるをえないのだ、ということをわたしは発見した。堅実なガイドは、安全のために、つねに厳しく監督する――絶対に、重要な決定を顧客の一人一人にまかせるわけにはいかないのだ」。だから、ベースキャンプ入りしてから高所順化訓練などを経て頂上アタックにいたる六週間ほどの間、顧客たちは「あらゆる面で……積極的にならないように仕向けられる」のであり、またそのように訓練されるのである。

しかし、どんなにすぐれたガイドといえども絶対ではない。七五〇〇メートルを超えるような高所では、人間の能力は、肉体的にも精神的にも、かなり頼りないものとならざるをえないので、「世界最強のガイドたちでもときにまったく無力となる」ことがある。そうなると、顧客の自主的判断や自己決定を抑圧してきたことが裏目に出てしまう。ここに、この事件の教訓を見ることもできよう。そしてそれは、単に登山だけでなく、あらゆるスポーツに、いやもっと広くあらゆる領域のリーダーや教師に当てはまる教訓でもあろう。

クラカワーの目から見て、ロブ・ホール隊の顧客たちはそれなりに有能だった。とはいえ「わたしの仲間の顧客たちは、わたしも含めて全員、小さな町の、まあまあのレベルのソフトボール選手の寄せ集めみたいなもので、それが賄賂でワールド・シリーズにのこのこ出かけてきたようなもの」であり、「もしロブ・ホールと二人のガイド、それにシェルパたちから相当の援助を受けなかったら、わたしたちロブ・ホール隊の顧客の誰にも、エヴェレスト登頂の見込みなどない、ということはたしかだ」。だから、登頂の成功という観点から見れば、この種の登山方式の有効性を否定することはできないのだけれども、反面それはもはやスポーツとは言えないのではないか、とクラカワーは感じているのである。

それでは、スポーツとは何なのか。例えば国際スポーツ・体育協議会によるスポーツの定義、つまり「遊びの性格をもち、自己または他人との競争、あるいは自然の障害との対決を含む運動」はよく知られているが、これが決して十分な定義ではないこともまた、いろいろと論じられ、よく知られているところである。そこで、S・K・フィグラーとG・ウィテカーのように、楽しさ（fun）を本質的属性とする自由でのびやかな「遊び」と、高度に競争的でシリアスな「アスレティクス」（例えばオリンピックやサッカー・ワールドカップのようなハイレベルの競技）との間の中間的な形態の一つとして「スポーツ」を再定義しようとする試みなどもある（Figler & Whitaker 1995: 9–16）。しかし、これらの新しい試みにもそれなりの難点があり、一般的な形でスポーツを定義することは、なかなかむずかしい。

とすれば、むしろ歴史社会学的な視点から考えてみるほうがよいのかもしれない。スポーツという人間活動は、例えば古代のオリンピア競技などを考えても、ずいぶん昔からあったように思われるが、少なくとも私たちが現在イメージするような活動としてのスポーツは、実は比較的新しいものだからである。

イギリス式狐狩り

スポーツの歴史社会学的研究の先駆者の一人、ノルベルト・エリアスによれば（Elias and Dunning 1986＝一九九五、とくにエリアス執筆の第三章・第四章）、かつては「スポーツ」という言葉に特殊な意味はほとんどなかった。この言葉は、そのもとになった「気晴らし」（disport）という言葉とともに、さまざまな娯楽や楽しみを指すものとして広く使われていた。しかし「一八世紀の間に、それはもっと高度に専門化された言葉になった」。つまり、「肉体の行使が重要な役割を果たす娯楽の特殊な形態――イギリスで最初に発展し、そこから世界中に広がったある種の娯楽の特殊な形態――を意味する専門用語として」広く用いられるようになったのである。この「特殊な形態」のなかには、サッカー、競馬、レスリング、ボクシング、テニス、狐狩り、ボートレース、クロッケー、陸上競技などが含まれ、それらが主として一九世紀の後半から二〇世紀の前半にかけて世界に広がり、それとともに「スポーツ」という英語もまた、「このような特別な種類の娯楽の総称的な言葉として他の国々に広く受け入れられ」ていくことになる。

では、スポーツと呼ばれる活動は、どのような点で「特殊」なのか。エリアスは、狐狩りを例にあげて説明する。イギリス式の狐狩りは「狩猟家が自分自身と猟犬に、非常に特殊な制約を課した狩猟形態」であり、「スポーツの際立った特徴を備えた娯楽の最も早い例のひとつ」である。そこでは、まず狩猟の対象が狐だけに限定され、狩りの間に偶然出くわす狐以外の動物を追いかけたり、殺したりすることは禁じられた。狐以外の動物は、たとえどんなに美味しいご馳走になるものでも無視された。狐狩りは、もはや食卓を飾るご馳走を家にもって帰るための活動ではなく、「スポーツ」なのだ。かつては狐も広く食べられていたようだが、イギリス式狐狩りにおいては、獲物の狐は「狩猟の後の食事や酒宴」の席でも「会話の主題になる以外もはや何の役割も果たさなかった」。

イギリス式狐狩りではまた、狩猟家はいかなる武器も使わないというのがルールである。狐を銃で撃つことは「許しがたい違反」とみなされた。狐を殺す仕事は猟犬たちの任務であり、人間は手を下してはいけない。人間は、「猟犬の監督役」あるいは狩猟過程の「観察者」の役割にみずからを限定することになった。こうして、楽しみの焦点は、獲物をつかまえ殺すことから「獲物を追跡すること」に移り、「暴力の行使」それ自体よりもむしろ「暴力が行使されるのを見ること」に重点が置かれるようになった。

狐狩りからオリンピックへ

こうした変化は、エリアスによると、「文明化の過程」の進展に対応している。近代国家が軍隊や警察の制度を整備し、いわば「暴力を独占すること」によって広範囲にわたる治安を確立していくにつれて、一般に暴力の行使に対する抑制が強まり、また暴力の行使にともなう残虐さへの嫌悪感なども高まっていく。そういう社会的過程がエリアスのいう「文明化」であるが、「獲物を殺すことに人間が直接かかわることを禁じたイギリス式狐狩り」のなかにも明らかにこの「文明化過程」の進展が認められる。同様の過程は、サッカー、ボクシング、レスリングなどにおいても進行し、暴力性や残虐性を抑制しながら平等な条件で闘うためのルールが整備され、ルール違反に対する罰則も厳格になっていく。と同時に、フェアプレーのモラルや、「重要なのは勝利ではなく試合そのものである」といった価値観なども形成されてくる。

こうして、独特の価値観やイデオロギーをともなう近代の身体文化（body culture）としてのスポーツが発展していくのだが、その過程において大きな役割を果たしたのが、一八九六年にピエール・ド・クーベルタンらによって開始された近代オリンピック大会であった。初期のオリンピックはそれほどたいしたイベントではなかったが、第四回ロンドン大会（一九〇八年）あたりから大きく発展しはじめ、世界的なイベントへと成長していく。

近代オリンピックは、古代ギリシャのオリンピア競技の「復興」を謳ってはいたが、エリアスによれば、この謳い文句を文字通りに受けとるわけにはいかない。なぜなら、「肉体的暴力のレベル」がまったく異なっていたからである。例えば、古代オリンピア競技で最も人気の高い催し物の一つであったパンクラチオンは、いわば何でもありの――ただしリングなし、制限時間なしの――格闘技で、負傷者はもとより、死者が出ることさえあったという。それゆえ、古代のオリンピア競技が「スポーツの偉大な範例」とされるのは近代から逆に投影された神話にすぎないのであって、実際にはそれは「競技者たちの気風、彼らが評価された基準、競技のルール、そして競技の仕方そのものに関しても、多くの点で近代スポーツの諸特徴とは明らかに異なっていた」のであり、現代人の感覚からすれば、とてもスポーツとは言えないような、むしろ「嫌悪感をもよおすものとして非難されるような暴力の形態」を多く含むものであった。

2　スポーツの理想化とその批判

近代社会のモデル

近代オリンピックは、古代オリンピア競技の「復興」ではなく、近代の文化的発明品としてのスポーツのための祭典であった。それはまた、スポーツの理想化の進展を示す祭典でもあった。スポーツは今や、家柄や身分によってではなく個人の能力と業績によって成功することができるという近代社会の理想を象徴する活動となった。そしてもちろん、人びとの能力や業績は平等な条件のもとで競われなければならない。人びとは、みずからの意思でこの競争に参加し、みずからの責任においてさまざまの決定を下し、みずからの力で目標に挑戦する。クラカワーのいう「自助努力」(self-reliance) である。だから、大金を払ってガイドやシェルパから手厚いサポートを受け、またガイドの独裁的な管理下に置かれるような登山は、クラカワーにとってもはやスポーツとは言いがたいものであった。

スポーツは、能力主義や平等主義、あるいは自助努力の理想を表現しているだけではない。競技者たちはスポーツマンシップをもって闘う。そしてスポーツマンシップは、フェアプレーや「名誉ある敗北」の満足を人びとに教え、競争を通して競争者同士の間に連帯感や協力関係を育てるとされる。こうしてスポーツは、自由と平等、競争と連帯、自発性や主体性と規則や秩序、といった両立しがたい価値を両立させ、ともに実現させうる一種のユートピアとなり、したがってまた人生や社会のモデルあるいはメタファーともなり、さまざまの教訓を人びとに伝える一種の「道徳劇」ともなった。道徳劇（morality play）というのは、中世末期にヨーロッパで栄えた、勧善懲悪を寓意的に表現する演劇ジャンルであるが、スポーツはいわばその近代版となったのである。

よく知られているように、こうしたスポーツの理想化が進むにつれて、その教育的価値が強調されるようになり、とくにイギリスでは一九世紀の後半から、「ジェントルマン」を育成するためのエリート教育機関であるパブリック・スクールのなかにスポーツ（とくに団体競技）が制度化されていく。スポーツは、若者の人格形成、集団的連帯感や責任感の養成に大きな役割を果たすものと考えられ、G・ウォルフォードによると、今日なお「パブリック・スクール生の生活の要の位置を占めている」という（Walford 1986＝一九九六）。

理想化への批判

もちろん一方では、スポーツの理想化に対する批判もないわけではなかった。例えば、アメリカの経済学者・文明批評家ソースタイン・ヴェブレンは、近代オリンピックの開始とほぼ同時期に書かれた『有閑階級の理論』のなかで、辛辣なスポーツ批判を展開し、またスポーツを理想化する言説の欺瞞性を衝いた（Veblen 1899＝二〇一五、主として第一〇章）。

ヴェブレンによれば、スポーツはもともと上流有閑階級がみずからの優越性のしるしとしての余暇を見せびらかすために行なう活動であり、「かつての野蛮な時代の慣習と理想」を引き継いでいる。「体育スポーツを弁護したり、賞賛したりするすべての長たらしい主張」は、スポーツの本質を覆い隠すためのごまかしにすぎない。そのごまかしをとり払ってしまえば、スポーツは結局のところ「張り合い的な略奪的衝動」に基づくものであり、そこに発現し、そこで育成強化されるのは「暴力と詐術」（force and fraud）であり、「狂暴さや悪賢さ」（ferocity and cunning）にほかならない。正当な暴力の限界、戦略と策略の区別は常に流動的である。ある意味でルールは「許容される不正」の限界や細目を定めているにすぎない。「敵を倒すための不正直な行為や試み」は決して「ゲームの偶発的な様相」ではない。したがって、スポーツの普及は「不正を好む性癖」の発達を助長する。「スポーツに熱中させる略奪的気質の社会的浸透は、個人的にも集団的にも、他人の利益の平然たる無視や抜け目のない行動の蔓延《まんえん》を暗示するものである。詐術への依存は、どのような外観をとろうと、またどのような法や慣習による正当化がなされようと、狭くて自己中心的な心的習慣の発現である」。

ヴェブレンはさらに、こうした傾向が「金銭的文化によって促進される」こと、またスポーツ愛好はしばしば「幸運を求める」ギャンブル精神と結びつくこと、さらにそうした気質はある種の「宗教的帰依」や「迷信的な慣行や信念」とも関連しやすいこと、などを指摘している。

身体の機械化

スポーツを理想化し礼賛する言説の流れが、その後J・オルテガ・イ・ガセット、エドワルト・シュプランガー、アンリ・ド・モンテルランなど錚々たる論者たちをみずからの陣営に加えて発展していくなかで、あえてヴェブレンのスポーツ批判を取り上げ、その射程が今日のスポーツ状況にまで確実に届いていることを示したのは、テオドール・W・アドルノであった。

「ヴェブレンの文化攻撃」と題した一九四一年の講演のなかでアドルノは、「スポーツへの熱中の底にあるものは、太古的な心的構造である」というヴェブレンの言葉を引きながら、しかし実は「この太古的心性以上に近代的なものはない」と述べ、「スポーツ行事は全体主義的な大衆集会のモデルだった」と指摘する。そこでは「無慈悲と攻撃性の契機」と「ルールの遵守という権威主義的契機」とが巧みに結びつけられ、「許された暴力行為」が生じる。さらにアドルノは、ヴェブレンが触れなかった側面、つまり「みずから服従し、そして苦しみたい」という「スポーツのうちのマゾヒズム的契機」にも目を向けるべきだと言う。この契機が、スポーツ精神を「単に過去の社会形態の遺物」としてだけでなく、画一化や標準化を特色とする「迫り来る新しい社会形態への適応の始まりとして形成している」からである。「近代スポーツは、機械に奪われた機能の一部を肉体に取り戻そうと企てている、とは言えるかもしれない。しかしスポーツがそうするのは、機械の条件に合うように人間を一層容赦なく仕込むためである。近代スポーツは、肉体を機械に同化しようともくろんですらいる。それゆえ、どのように組織されようと、近代スポーツは非自由の国に属する」のだ。

ナショナリズムとシリアス・スポーツ

一方、ウルグアイとアルゼンチンの国交断絶にいたった一九三〇年の第一回サッカー・ワールドカップ大会、あるいはヒトラー政権下でのベルリン・オリンピック（一九三六年）などを契機に、スポーツと政治やナショナリズムとの結びつきが顕著になり、「国際親善を促進するスポーツ」というイメージもゆらいできた。そういう面からのスポーツ批判として、一九四五年に書かれたジョージ・オーウェルのエッセイ「スポーツ精神」は忘れがたい。

この年の秋、ソ連のサッカーチーム、モスクワ・ディナモが訪英し、イギリスの代表的なクラブチームを相手に各地で四試合を行なった。このイベントが国際親善どころか、むしろ悪感情を残したことに触れてオーウェルは、「私は常々、人々がスポーツは諸国民の間に友好を生むとか、世界の庶民が相つどってサッカーなりクリケットなりをやりさえすれば戦場で相まみえる気がなくなるだろう、などと言うのを聞いてあきれたものだ」と書いている。一九三六年のオリンピックのような例をあげるまでもなく、ナショナリズムと結びついたスポーツ・イベントは「発砲抜きの戦争」であり、容易に「憎悪の狂宴」と化してしまう。もちろんそれは選手だけの責任ではない。重要なのはむしろ「観客の、またその背後にある国民の態度」である。偏狭なナショナリズムという「近代の狂気じみた習慣」は、スポーツを国家間の「威信競争」に結びつけ、極度にシリアスなものにした。そしてシリアスなスポーツは「フェアプレイとは何の関係もない。それは憎しみ、ねたみ、自慢、いっさいのルールの無視、暴力行為の目撃によるサディスティックな快感と結びついている」。だから、「ディナモ訪問のあとをうけてイギリスチームをソ連に送るようなまねはしてもらいたくない。どうしてもそうせざるをえないのなら、イギリス全体を代表していると主張できない、負けるに決まっている二流のチームを派遣しよう」。

3　スポーツ・遊び・芸術

戦時期日本のスポーツ批判

エリアスやアレン・グットマンが跡づけたように、近代文化としてのスポーツはイギリスに発し、一九世紀の後半から二〇世紀にかけて世界中に広まっていったが、その過程は、オーウェルも言うように、しばしばナショナリズムの興隆と結びついていた。日本の場合も、明治以降、近代国家形成の過程で積極的に欧米型の近代スポーツを受けいれてきた。オリンピックにも第五回ストックホルム大会（一九一二年）から参加している。しかし、一九三〇年代の後半から四〇年代初頭にかけて、戦時色が強まってくると、近代スポーツを欧米からの輸入文化として批判する潮流が生じてきた（その詳細については、入江 一九八六）。

例えば「民族主義体育」「日本主義スポーツ」「日本スポーツ道」などの提唱としてあらわれてくるこの種の議論の要点は、もともと輸入文化であるスポーツには欧米の自由主義、個人主義、享楽主義の思想が深く浸透しているので、日本伝来の「武徳」あるいは武士道精神によって鍛え直し、日本独自のスポーツ文化を創造しなければならない、というところにあり、その具体的方策としては、武道を模範とし、スポーツを武道のように、あるいはむしろ武道として行なうべきことが主張された。いわば近代スポーツが礼賛する価値観そのものを伝統主義的・国粋主義的な観点から批判し、スポーツの「日本化」（具体的には「武道化」）を唱道するものであり、オーウェルとはほとんど正反対の地点からのスポーツ批判である。

「遊び」の衰退

武道の鍛練のように「もっと真面目に！」という主張が日本で盛んに唱えられていた頃、逆に「もっと遊びを！」と主張したのが、オランダの文化史家ヨハン・ホイジンガであった。一九三八年に出版された『ホモ・ルーデンス』のなかでホイジンガは、人間を何よりもまず「遊ぶ存在」ととらえ、「人間の文化は遊びのなかで、遊びとして、発生し展開してきた」と論じた。彼によれば、文化は「遊びの形式のなかで」形成されてきたのであり、芸術にせよ宗教にせよ科学にせよ、人間の文化はほんらい「遊ばれる」ものなのである。しかし文化史的に見ると、西洋では一九世紀以降、ほとんどすべての文化領域において「遊びの衰退」が著しくなってきた。

スポーツも例外ではない。「一九世紀の最後の四半世紀このかた、スポーツ制度の発達をみると、それは、競技がだんだん真面目なものとして受け取られる方向に向かっている」。規則はしだいに厳しくなり、また細かくなる。記録は伸びていき、達成目標は高くなる。スポーツの組織化も進み、トレーニングはますます強化され、管理化されていく。プロの競技者とアマチュアの愛好家との分離も明確になる。こうしてスポーツのなかから、遊びの自発性、気楽さ、のびやかさが失われていく。ある意味で、スポーツは「真面目になりすぎた」のである。真面目になりすぎると、記録や勝敗へのこだわり、国家や民族への思い入れなども強まり、心のゆとりがなくなってフェアプレーの理想も実現されにくくなる。このようにして「スポーツは遊びの領域から去ってゆく」のだ。

このホイジンガの観点は、スポーツがナショナリズムとの結合によって過度にシリアスなものになったことを批判したオーウェル、あるいはスポーツを「アスレティクス」から区別しようとしたフィグラー＝ウィテカーらの考え方に連なるものである。

『ホモ・ルーデンス』の出版からすでに八〇年を経て、現代のスポーツは、オリンピックやワールドカップを頂点にますます隆盛を誇っているとも言えるが、同時にそれはますますシリアスなものとなり、しばしば莫大な金や利権のからむビジネス、メディアによって演出されるビッグイベント、国家や民族の面子をかけたスペクタクルともなり、したがってまた競技者にとっては経済的・社会的成功へのルートともなっており、そうした状況のなかで、ドーピング、フーリガン、体罰、セクハラ、パワハラ、マイノリティ差別、自然破壊、あるいはオリンピック開催地の決定をめぐるスキャンダルなど、さまざまな問題が顕在化してきてもいる。とうぜん、そうした現実への認識も高まり、近代スポーツ批判の言説も盛んになってきた。また、業績や勝敗に価値を置く競技スポーツに対して、誰もが生涯にわたって楽しめる穏やかなソフト・スポーツ（あるいはオルタナティブ・スポーツ）の開発やフォーク・スポーツの再評価、高齢者や障害者なども含めて万人のスポーツ権を尊重する「スポーツ・フォア・オール」の主張と運動なども盛んになっている（これらの問題点や近年の批判的な動きについては、例えば西山二〇〇六、井上・菊二〇一二、石坂二〇一八、など）。

近年のさまざまな批判的動向は、「遊びの領域から去ってゆく」スポーツを再びそこに引き戻す方向での動きであるとも言えよう。もちろん、それが唯一の解決策というわけではないが、さまざまの新しい試みや工夫によってスポーツのなかに「遊び」の要素を回復していくこと、あるいはそれを新たな形で組み込んでいくことは、私たちのスポーツ文化を豊かにしていくための一つの有力な方向ではあろう。ホイジンガ流に言うなら、「真の文化は何らかの遊びの内容をもたずには存続してゆくことができない」のだから。

スポーツと芸術

ホイジンガはまた、遊びの「本質的な二つの相」として「闘争」と「表現」をあげた。遊びは、例えばスポーツなどに見られるように「何かを求めての闘争」であるか、あるいは演劇などに見られるように「何かをあらわす表現」である。そしてときには、遊びが闘争を表現したり、あるいは表現のすぐれた者を選ぶための競争の形をとったりすることによって、これら二つの相がうまく結びつく場合もある。

ここには、スポーツと演劇（さらには芸術一般）との間の親近性が示唆されている。しかしもちろん、樋口聡が詳細に論じたように、スポーツと芸術とを安易に同一視することはできない。たとえスポーツが闘争の形式を通して何かを表現しているとしても、勝利をめざして闘っているスポーツ・プレーヤーの行為は芸術家が作品を制作するときの「表現」行為（つまり「意図的な美的形成」）とは異なったものである。もちろん、だからこそ独特の迫力があるとも言えるわけだが、一般にスポーツが「芸術にみられるような表現的契機を欠いている」ことは否定できないだろう（ただし、フィギュア・スケート、体操、アーティスティック・スイミング＝旧シンクロナイズド・スイミングなどについてどう考えるかは微妙なところであろう）。しかしいずれにせよ、スポーツの観客が、「スポーツ運動の美や試合の劇的特質」といった形式的特徴を通して「生命力の表出」や「人格性の発露」を感得し読みとっていくことは常に可能であり、それは明らかに一種の「美的体験」と言ってよい（樋口 一九八七）。

一方、主としてプレーヤーの側に生じる美的体験については、中井正一がその先駆的な考察のなかで、例えば、「可能的なるもの」である勝利を何とか「必然的なもの」たらしめようとする意志のダイナミズム、団体競技における「相互の共同性そのもの」の開示、「筋肉操作の洗練性」を高めていく「技術美」の体験、さらにはその洗練の極限において、あたかもボートの選手が「自ら水にアダプトして融合して一如となる」ように、自然の構成機能と身体の構成機能とが「深い関連の中に連続して無碍」となり、「あるまま思い切り行為して、しかもあるべき則にはまってゆく」快美感、などを指摘した（中井 一九三〇、一九三三）。なお樋口も中井の考察を援用しながら、実践者と観戦者における美的体験・美的価値の根源的な「一体性」にまで論を進めているが、ここではその点には深入りしない）。

スポーツと芸術との類縁性という同じ問題を、より機能論的な観点から扱ったオモー・グルーペも「スポーツが存在しなければ、恐らく美を感じる機会は極めて少なくなるであろう」と言う。各種のスポーツに見られる運動や姿勢の美、あるいは海上に点在するヨットや谷間を越えて飛ぶハンググライダーの美などもさることながら、私たちはしばしばスポーツのなかに「ドラマや映画が決して直接示せないような劇的な緊張」を見いだす。そこでは「勝利と敗北、成功と失敗、失望と幸福」といった人生の諸相を「日常生活ではまず経験できないような形で」経験することができる。それゆえスポーツは、「伝統的な意味での〈芸術〉ではない」としても、芸術と同じような機能を私たちの生活のなかで果たしている（Grupe 1987＝一九九七）。

「芸術型」文化としてのスポーツ

一九世紀後半からのスポーツの理想化の進展のなかで、さまざまの教訓的な物語がスポーツに読み込まれるようになったこと、その結果スポーツが中世ヨーロッパの「道徳劇」の近代版とでもいうべきものになったことについては、すでに触れた。身近なところでは、例えば甲子園の高校野球などを考えてみればよいだろう（有山 一九九七、清水 一九九八、など）。

高校野球にかぎらず、日本人にとっての野球は、クリフォード・ギアーツの分析で有名なバリの闘鶏にどこか似ている。ギアーツによれば「闘鶏はバリ人の経験をバリ風に読み込んだものであり、バリ人が自分たち自身に語る自分たち自身についての物語である」。したがってそれは、バリ人にとって「一種の感情教育」の機会でもあり、西欧人にとっての『リア王』や『マクベス』と同じように、バリ人はそれを通して自分たちの社会や感性のあり方、あるいはありうる姿を学ぶのである（Geertz 1973＝一九八七）。

もちろん、近年では、単純な「道徳劇」型の物語の衰退や変容が進んでいることも事実である。例えば、これまで教訓的な物語の源泉となってきた野球との比較においてサッカーを論じた今福龍太は、とりわけラテンアメリカのフットボール（「サッカー」というよりスペイン語やポルトガル語で「足‐球」〔Futbol／Futebol〕と直截に呼ばれる球技）では「勝ち負け以上に、その美しさが問題となる」と言う。「ゴールの瞬間がエクスタシーになるのは、得点が入ったという事実があるからではなく、つながれたボールが流れるような軌跡を示しながらゴールネットにつき刺さるその瞬間に、球と足のもっとも美しい関係が樹ち立てられているからなのだ」。また、野球が「塁にランナーを貯め、カウントを引き伸ばしながら好球を待ってついに得点するというような蓄積的発想」に立っているのに対し、フットボールでは「一瞬にして形勢が逆転することなど日常茶飯事」である。「どこからでも点は入り、いつでも点はとられる」。つまり、「資本主義的蓄積の倫理」を無視し、「〈いま〉という一瞬を楽しみながら、あるとき突然の跳躍に賭けること……」、これがフットボールの美学であり、生活哲学なのだ。それはまた、「努力と克己と野心の成就」を語り続けてきた「強固な野球文化」にかわる「軽みと快楽の文化」の萌芽なのかもしれない（今福 一九九七）。

近年では、人びとをひきつけるスポーツの種類も、またひきつけられる観客の層も多様化している。

またメディアや情報技術の発展によって、スポーツが提示あるいは表現される仕方も高度化し、複雑化してきた。とうぜん、私たちがそこに見いだす美感や物語も、ときには例えばメカニックな美やグロテスクな感覚であったり、あるいは非教訓的または反教訓的なメッセージであったりというふうに、多様化し変容してきている。その意味でスポーツは、道徳劇を多少とも離れ、道徳劇を含む演劇一般に、さらには芸術一般に近づいてきているとも言えよう。とすれば、独特の美的体験のなかで世界と生の活力と意味（あるいは無力と無意味）を感得する、いわば「芸術」タイプの文化としてスポーツをとらえる視点、したがってまた、芸術と同じように、（単に既存の価値観や認知様式や感性を反映するだけでなく）よかれあしかれ新たな価値観・認識・感性などを創造し形成していく要因でもあるという面からスポーツをとらえていく視点が、もっと強調されてよいのではないか。そのような視点からスポーツについて考え、批評していくことは、これからのスポーツ文化論にとって、重要な課題の一つとなるだろう。

文　献

Adorno, T. W., 1955, "Veblens Angriff auf die Kultur," *Prismen: Kulturkritik und Gesellschaft*, Suhrkamp Verlag.（＝一九九六、渡辺祐邦訳「ヴェブレンの文化攻撃」渡辺祐邦・三原弟平訳『プリズメン』ちくま学芸文庫）。

有山輝雄、一九九七、『甲子園野球と日本人』吉川弘文館。

Elias N. and E. Dunning, 1986, *Quest for Excitement: Sport and Leisure in the Civilizing Process*, Basil Blackwell.（＝一九九五、大平章訳『スポーツと文明化――興奮の探求』法政大学出版局）。

Figler, S.K. and G. Whitaker, 1995, *Sport and Play in American Life: A Textbook in the Sociology of Sport*, 3rd ed., Brown & Benchmark.
Geertz, C., 1973, "Deep Play: Notes on the Balinese Cockfight," *The Interpretation of Cultures*, Basic Books.（＝一九八七、吉田禎吾訳「ディープ・プレイ――バリの闘鶏に関する覚え書き」吉田禎吾ほか訳『文化の解釈学Ⅱ』岩波現代選書）。
Grupe, O., 1987, *Sport als Kultur*, Edition Interfrom.（＝一九九七、永島惇正ほか訳『文化としてのスポーツ』ベースボール・マガジン社）。
Guttmann, A., 1994, *Games and Empires: Modern Sports and Cultural Imperialism*, Columbia University Press.（＝一九九七、谷川稔ほか訳『スポーツと帝国――近代スポーツと文化帝国主義』昭和堂）。
樋口聡、一九八七、『スポーツの美学――スポーツの美の哲学的探究』不昧堂出版。
Huizinga, J., 1938, *Homo Ludens*, Tjeenk Willink.（＝一九七三、高橋英夫訳『ホモ・ルーデンス』中公文庫／一九七四、里見元一郎訳、河出書房新社）。
今福龍太、一九九七、「フットボール的！」『スポーツの汀』紀伊國屋書店。
井上俊・菊幸一編、二〇一二、『よくわかるスポーツ文化論』ミネルヴァ書房。
入江克己、一九八六、『日本ファシズム下の体育思想』不昧堂出版。
石坂友司、二〇一八、『現代オリンピックの発展と危機 1940-2020』人文書院。
Krakauer, J., 1997, *Into Thin Air: A Personal Account of the Mt. Everest Disaster*, Villard Books.（＝二〇〇〇、海津正彦訳『空へ』文春文庫／二〇一三、ヤマケイ文庫）。
中井正一、一九九五、「スポーツの美的要素」〔一九三〇〕「スポーツ気分の構造」〔一九三三〕長田弘編『中井正一評論集』岩波文庫。

西山哲郎、二〇〇六、『近代スポーツ文化とはなにか』世界思想社。

Orwell, G., 1945, "The Sporting Spirit," *Tribune*, 14 December.（＝一九九五、工藤昭雄訳「スポーツ精神」川端康雄編『オーウェル評論集4 ライオンと一角獣』平凡社ライブラリー）。

清水諭、一九九八、『甲子園野球のアルケオロジー――スポーツの「物語」・メディア・身体文化』新評論。

杉山光信、二〇一〇、「スポーツの美学」井上俊・伊藤公雄編『身体・セクシュアリティ・スポーツ』（社会学ベーシックス8）世界思想社。

Veblen, T., 1899, *The Theory of the Leisure Class: An Economic Study in the Evolution of Institutions*, Macmillan.（＝二〇一六、村井章子訳『有閑階級の理論』ちくま学芸文庫／二〇一五、高哲男訳、増補新訂版、講談社学術文庫／一九六一、小原敬士訳、岩波文庫）。

Walford, G., 1986, *Life in Public Schools*, Methuen.（＝一九九六、竹内洋・海部優子訳『パブリック・スクールの社会学』世界思想社）。

武道とポピュラー文化

1　武道は「伝統文化」か？

「武道」という言葉が現在のような意味で広く使われるようになったのは、それほど古いことではない。だいたい明治の終わりから大正の初めの頃、西暦で言えば一九一〇年代になってからのことである。江戸時代には、例えば井原西鶴の『武道伝来記』や大道寺友山の『武道初心集』などに見られるように、「武道」という言葉は武士道の意味で使われることが多かった。一方、武士の心得としてのマーシャル・アーツは「武芸」または「武術」と呼ばれるのが普通であった。

武芸・武術は、江戸時代には武士のたしなみとして盛んであったが、明治になると「文明開化」の潮流のなかで、もはや時代遅れの無用な技能、野蛮な遺物などとみなされることが多くなり、衰退を余儀なくされる。それを避けようとすれば、伝統的な武芸・武術は、それぞれに何らかの形で「近代化」を図り、新しい時代に適応していく必要があった。

その「近代化」に最も早く成功したのが嘉納治五郎の講道館柔道である。嘉納による近代化の試みは多岐にわたり、また多年にわたるので、簡単に要約することはむずかしいが、例えば⑴従来の柔術各派のさまざまな技を比較検討し、理論的に体系化したこと、⑵危険な当身技《あてみわざ》の禁止などを含めて試合のルールと審判規程を確立したこと、⑶修行者のモチベーションを高めるために段級制を導入したこと、⑷柔道修行の教育的価値を強調し、柔道は攻防の術としてだけでなく「体育と修心（徳育）」にも効果的であり、人材の育成に役立つと説いたこと、⑸講演や著作、雑誌の発行などを通して、講道館柔道を説明し広めるための言論活動に力を入れたこと、⑹早くから柔道の国際化を志向し、海外への紹介・普及に努めたこと、などをあげることができよう。

こうした試みの成功によって講道館柔道は発展し、大正期になると毎年一〇〇〇人を超える入門者を数えるほどになった。その影響なども受けながら、剣術（撃剣）や弓術も含めて武芸・武術の「武道」への転換が進展していく。それを象徴するのが、一九一九（大正八）年の大日本武徳会の改革である。この年、武徳会副会長兼武徳会附属武術専門学校長に就任した西久保弘道（元警視総監、のちに東京市長）の主導により、それまでの剣術・柔術・弓術などの名称を剣道・柔道・弓道などに変更し、また附属の武術専門学校も校名を武道専門学校に改めた。大日本武徳会は武芸・武術の統括団体であり、いわば総本山であったから、この変更は武芸・武術から武道への転換を示す象徴的な出来事であった。

このような歴史的経緯を考えれば、武道はいわば伝統的な武芸・武術の「近代化」バージョンであり「近代文化」なのであるが、武芸・武術の長い歴史を背負っているという意味では「伝統文化」とも言えるという二重性をもっている。だからこそ武道は、一種の「つくられた伝統」(invented tradition)として、近代文化でありながら伝統的な民族的アイデンティティの支えともなりうるという二面的な機能を果たすことができた。そして、それが武道の強みでもあった(Inoue 1998)。

しかし武道が発展し広く市民社会に定着していくにつれて、武道の「近代文化」としての側面は閑却または隠蔽され、「伝統」とのつながりという側面だけが強調されがちになる。こうした傾向は、例えば前章で触れた「スポーツの武道化」言説(九〇~九一頁)などにもはっきりと示されている。この種の言説が盛んであった一九三〇年代には、学校教育における武道の必修化も進展するが、これも「伝統」的要素だけを強調する一面的な武道観に基づいていた(なお、二〇〇六年の教育基本法改正によって、二〇一四年度から実施されている必修化についても、同様のことが言えよう)。

2 武道の歴史的展開

このような意味での武道の歴史的展開は、大まかに次の五つの時期に分けられるであろう。

⑴形成期(一八八二~一九二八年) 講道館(一八八二年開設)や大日本武徳会(一八九五年設立)の活動を中心として、武術・武芸から武道への転換が進展する時期。

⑵発展期(一九二九~一九四五年) 一九二九年の御大礼(昭和天皇即位)記念天覧武道大会(宮内省主

催）を皮切りに、全日本柔道選士権大会（講道館主催）、皇紀二千六百年奉祝天覧武道大会など、次々と大規模な武道大会が開催され、武道が大きく発展する時期。しかし同時に、この時期は日本が満州事変から日中戦争、そして太平洋戦争へと進んでいく時期でもあり、武道は当時の国家政策に深く組み込まれていくことになる。学校教育への武道の編入も進展する。この時期は、ロサンジェルス・オリンピック（一九三二年）やベルリン・オリンピック（一九三六年）などの影響もあって欧米型のスポーツも盛んであったが、イデオロギーの平面では武道が優勢であり「スポーツの武道化」が主張された。

(3)戦後衰退期（一九四五〜一九五〇年）　第二次大戦の敗戦により状況は一変する。戦後の占領政策を統括した連合国軍総司令部（GHQ）は、武道の戦争協力を咎め、例えば学校武道の禁止、時代劇映画の製作制限（いわゆる「チャンバラ禁止令」）など、武道にさまざまな制約を課した。一九四二年に政府の外郭団体となっていた武徳会も解散に追い込まれる。武道にとっていわば「冬の時代」である。

一方でGHQは、民主化政策の一環としてスポーツを奨励したので、武道の側としては「スポーツ化」によって生き残りを図る方策をとらざるをえなかった。つまり「スポーツの武道化」が「武道のスポーツ化」へと逆転するのである。その具体策はさまざまであり、例えば剣道の場合は、これまでの剣道を簡素化しスポーツ化した「撓《しない》競技」というものを新たに工夫し、一九五〇年には全日本撓競技連盟の結成にこぎつけた（撓競技については、山本 二〇一七）。戦前から国際化の実績があった柔道の場合は、GHQ関係者や進駐軍人のなかにも理解者があり、一九四八年には全日本レベルでの選手権大会の再開、翌四九年には全日本柔道連盟の結成が可能となった。学校柔道の禁止に関しては、そもそも嘉納治五郎が柔術から柔道への転換を実現したとき「すでにその本質は体育的、スポーツ的に規定され」ており、「いわゆる軍国主義的色彩は、戦時中強制的に付着されたもの」にすぎないと主張し、当時の文部大臣、天野貞祐からダグラス・マッカーサー総司令官に要望書を送るなどして、一九五〇年九月にGHQの解禁許可を得た。

(4)復興期（一九五一〜一九六四年）サンフランシスコ講和条約の調印（一九五一年）、GHQの廃止（一九五二年）など占領の終結によって、武道は次第に復興に向かい、東京オリンピックにおける柔道の正式種目採用を契機に、(5)新たな発展とグローバル化の時期（一九六四年〜）に入る。

以上の流れを年表風にまとめておくと、ほぼ次のようになる。

形成期：武芸・武術から武道へ

一八八二年　嘉納治五郎、講道館を開設
一八九五年　大日本武徳会設立
一九〇九年　講道館・武徳会、ともに財団法人化
一九一九年　武徳会の改革
一九二二年　講道館文化会設立
一九二六年　文部省、「体育教授要目」を改正し、「撃剣」「柔術」を「剣道」「柔道」に変更

発展期：国家政策への組み込み
一九二九年　御大礼記念天覧武道大会
一九三〇年　全日本柔道選士権大会（以後、一九四一年まで毎年開催）
一九三一年　師範学校・中学校において剣道・柔道を必修化
一九三四年　皇太子御誕生奉祝天覧試合
一九四〇年　皇紀二千六百年奉祝天覧武道大会
一九四一年　国民学校の正規カリキュラムに武道を編入
一九四二年　武徳会を政府の外郭団体に改組
戦後衰退期：ＧＨＱによる統制
一九四五年　ＧＨＱの占領政策（学校武道の禁止など）
一九四六年　武徳会の解散
一九四七年　武徳会関係者の公職追放（一三〇〇人以上）
一九四八年　全日本柔道選士権大会を全日本柔道選手権大会として再開
一九四九年　講道館有段者会を母体に全日本柔道連盟結成
一九五〇年　全日本撓競技連盟結成
学校柔道の解禁
復興期：東京オリンピックまで

一九五一年　サンフランシスコ講和条約の調印
　　全日本学生柔道連盟設立
一九五二年　ＧＨＱの廃止
　　全日本剣道連盟設立（一九五四年、撓競技連盟と統合）
一九五三年　学校剣道の再開
　　全日本剣道選手権大会
一九六一年　東京オリンピックにおける柔道の正式種目採用が決定
一九六二年　財団法人日本武道館発足
一九六四年　東京オリンピック
グローバル化期：新たな発展とグローバル化
（以下省略）

3　ポピュラー文化とのクロスオーバー

武道とポピュラー文化とのクロスオーバーに関しては、以上の各時期について特徴的・代表的なポピュラー文化の事例を考えることができる。

第一期（形成期）に関しては、当時の大衆雑誌の武道関係記事などをあげることができよう。なかでも『冒険世界』（一九〇八〜一九一九、博文館）は、一九一一年まで押川春浪が主筆で、前田光世の武勇伝などをしばしば掲載した。前田光世（一八七八〜一九四一）はもともと富田常次郎の随員として講道館から派遣され一九〇四年に渡米したが、その後世界を股にかけて異種格闘技などで活躍、コンデ・コマの愛称で親しまれた伝説的柔道家である（神山 一九九七、丸島 一九九七）。前田は東京専門学校（一九〇二年、早稲田大学と改称）の出身だが、そこで春浪の弟、押川清と学友で親しく、その関係で春浪とも接触があった。なお、前田の武勇伝は、薄田斬雲編集の単行本としても出版されている（『世界横行 柔道武者修業』博文館、一九一二、など）。

雑誌『冒険世界』（1910年5月号）

協力：博文館新社

だが、ポピュラー文化の影響力が強まるのはやはり第二期（発展期）以降である。第二期には、吉川英治『宮本武蔵』と富田常雄『姿三四郎』という「定番中の定番」ともいうべき作品が登場する。この二作は、以降の各時期を通じて、繰り返し映画化、テレビドラマ化、漫画化されている。

『宮本武蔵』は『朝日新聞』に連載（一九三五〜一九三九）後、全八巻の普及版（廉価版）全集が刊行されてベストセラーとなり、稲垣浩によって映画化もされた（片岡千恵蔵主演の三部作、一九四〇〜一九四二）。

映画『姿三四郎』（1943年）

『姿三四郎』は伝統的な柔術と新興の柔道とのヘゲモニー争いを背景とする小説である。作者の富田常雄の父親は草創期の講道館で四天王の一人と称された富田常次郎。主人公の姿三四郎は同じく四天王の一人、西郷四郎がモデルとされる。嘉納治五郎も「紘道館の矢野正五郎」として登場するが、いわゆる伝記小説ではない。一九四二年、錦城出版社から書き下ろし単行本として出版され、翌年、黒澤明によって映画化され人気を博した（藤田進、大河内傳次郎、月形龍之介ら主演）。黒澤の監督デビュー作である。この映画のヒットにより、同じく黒澤の監督で『続姿三四郎』がつくられた（一九四五年五月公開）。

『武蔵』と『三四郎』に共通するのは、素朴な若者が武道の修行を通して精神的に成長していくという点であり、ともに一種の人格形成小説（Bildungsroman）としての性質をもっている。二人はそれぞれに「自己を捨てきって無心になる」という武道の教えに近づいていくのだが、当時の時代情勢のなかでそれが「国家のための自己犠牲」を正当化するイデオロギーとして利用された面もある（井上二〇〇四：一五二〜一六四)。

ＧＨＱ統制下の第三期（戦後衰退期）に関しては該当作がない。ＧＨＱはポピュラー文化をも検閲・統制したからである。

第四期（復興期）になると、武道漫画が登場する。代表的なものは福井英一『イガグリくん』（一九五二〜一九五四、『冒険王』連載）と武内つなよし『赤胴鈴之助』（一九五四〜一九六〇、『少年画報』連載）である。『イガグリくん』は、ある町の中学校に転校してきた柔道少年が主人公で、柔道漫画・武道漫画の原点と言われ、ＧＨＱの廃止とほぼ時を同じくして雑誌連載が開始された。『赤胴鈴之助』は、父の形見の赤胴を身に着けて千葉周作の道場で剣の修行に励む少年の物語。ラジオドラマ、テレビドラマ、映画にもなり、ほぼ同時期の『月光仮面』と当時の少年たちの人気を二分した。

漫画『イガグリくん』
（1952〜1954年）

『イガグリくん』によって爆発的な人気を得た福井英一は当時、手塚治虫のライバルと言われた。『赤胴鈴之助』も初め福井の作品として連載が開始されたが、間もなく福井が急死したため（一九五四年六月）、武内つなよしに引き継がれた。『イガグリくん』も清水春雄、有川旭一に引き継がれて完結した。

なお、映画に関してもＧＨＱの統制がなくなり、

漫画『赤胴鈴之助』（1954〜1960年）

「時代劇ブーム」と言われるような状況が現れた。低予算で量産される類型的な作品も多かったが、黒澤明の『七人の侍』（一九五四）、稲垣浩による『宮本武蔵』三部作の再映画化（今回は三船敏郎の武蔵に鶴田浩二の佐々木小次郎、一九五四〜一九五六）、内田吐夢の『宮本武蔵』五部作（中村錦之助の武蔵に高倉健の小次郎、一九六一〜一九六五）などの大作・話題作も生まれた。長期にわたって人気を維持した勝新太郎主演の「座頭市」シリーズ、市川雷蔵主演の「眠狂四郎」シリーズなどもこの時期から始まっている（前者は一九六二年、後者は一九六三年開始）。

一九六四年の東京オリンピックにおいて柔道が正式種目に採用されたことを一つの契機として、武道は「復興期」を脱し、新たな発展とグローバル化の時期（第五期）に入って

美空ひばり『柔』（1964年）
写真提供：共同通信社

映画『宮本武蔵』ポスター（内田吐夢監督，5部作，1961〜1965年）
ⓒ東映

いくが、その幕開けを告げるかのようにこの年の師走の街に流れたのが美空ひばりの『柔』（関沢新一作詞、古賀政男作曲）であった。この歌は、もともと富田常雄の小説『柔』（一九六四年一月から『週刊読売』連載）のテレビ映画化（渡辺邦男監督、一九六四年一〇月放映開始）に際して、その主題歌としてつくられた。東京オリンピックのあと間もない時期に発売されたレコードは、美空ひばりのシングル盤として最高の売り上げを記録したという。「勝つと思うな、思えば負けよ」「馬鹿を相手の時じゃない」などの名文句とともに大ヒットとなり、翌一九六五年度のレコード大賞を受賞した。紅白歌合戦でも一九六四年、六五年と二年続けて美空ひばりはこれを歌っている。

　その後のクロスオーバーについては、週刊

テレビドラマ『柔道一直線』（1969～1971年）

©梶原一騎・東映

漫画雑誌連載の長編漫画が中心になる。例えば『柔道一直線』（梶原一騎作、永島慎二・斎藤ゆずる画、一九六七～一九七一、『週刊少年キング』連載）、『空手バカ一代』（梶原一騎作、つのだじろう・影丸譲也画、一九七一～一九七七、『週刊少年マガジン』連載）、『ＹＡＷＡＲＡ！』（浦沢直樹、一九八六～一九九三、『ビッグコミックスピリッツ』連載）などである。

『柔道一直線』は同時期の『巨人の星』『あしたのジョー』などと並ぶ、いわゆる「スポコン（スポーツ根性もの）漫画」である。冒頭近く、のちに主人公の少年（一条直也）の師となる異端の柔道家、車周作が東京オリンピックにおける神永昭夫の敗北を予言する場面があることからもわかるように、この作品は柔道の国際化を背景としている。車周作の創案とされる「地獄車」をはじめ、奇想天外な技の描写も多く、「ＳＦ柔道漫画」などとも言われたが、その一方で、国際化の進展にともなう柔道の「スポーツ化」に反対し、「柔よく剛を制す」という日本柔道の美点を守るべしとの主張を含んだ作品でもあった。二〇一五年に亡くなった斉藤仁（ロサンジェルスおよびソウル・オリンピック金メダリスト）は、この『柔道一直線』のテレビドラマ版（桜木健一主演、全九二話、TBS系列）の影響で柔道を始めたという（斉藤 一九八九）。

『柔道一直線』流のスポコン武道漫画の系列は『空手バカ一代』に引き継がれる。これは極真会館の創設者、大山倍達の半生をかなり自由に脚色した作品で、一九七〇年代に広く人気を得た。

次の大ヒットは、一九八六年から連載が開始された『YAWARA！』である。かつて著名な柔道家であった祖父（猪熊滋悟郎）に育てられ、「お前はオリンピックで優勝し、国民栄誉賞をとるのだ！」と赤ん坊の頃から英才教育を受けてきた天才少女（猪熊柔《やわら》）の物語。女子柔道の発展と国際大会での山口香らの活躍、山下泰裕の国民栄誉賞受賞（一九八四年）などが背景になっている。この作品のヒットによって、すぐれた女性柔道家に対する世間の愛称が「女三四郎」から「ヤワラちゃん」に変わった。初代の「ヤワラちゃん」は田村（谷）亮子。山口香までは「女三四郎」である。

興味深いのは、主人公が常に「普通の女の子」でありたいと願っていることである。だから、大学進学のときも有名大学へのスポーツ入学を蹴って、わざわざ柔道部のない小規模な女子短大に進むし、就職も柔道とは縁のない旅行代理店に決めるのだが、いつも祖父の介入によって柔道を続ける環境に置かれてしまう。つまり、この作品は「ストイックな修行による精神的成長」といった定番の物語をあえて欠落させることで、『武蔵』や『三四郎』はもとより「スポコン漫画」の系譜からも離れている。そこが新鮮であり、現代風である。ただし『柔道一直線』が強調した「柔よく剛を制す」の理想はなお共有されている。主人公は小柄・軽量であるが体重無差別級で奮闘し、バルセロナ・オリンピ

漫画『YAWARA!』（1986〜1993年）

ック無差別級での優勝が作品のクライマックスになっている。

この時期以前から『赤胴鈴之助』のような例はあったが、この時期になると各種のメディアの複合状況が普通となり、人気漫画はその連載中からテレビドラマ、アニメ、劇映画などとしてマルチメディア化されるようになる。『柔道一直線』のテレビドラマ版についてはすでに触れたが、『空手バカ一代』も全四七話のテレビアニメになっており（一九七三〜七四年放映）、また千葉真一主演で映画化もされている（一九七七年）。『ＹＡＷＡＲＡ！』も一九八九年に浅香唯・小林桂樹・阿部寛ら主演で映画化され、さらに全一二四話のテレビアニメ・シリーズとして高視聴率を得た（一九八九〜九二年放映）。映画化にあたっては講道館と全日本柔道連盟が「制作協力」している。

4　ポピュラー文化としての武道

最後に、ポピュラー文化としての武道についてひとこと触れておきたい。今日、多くの観客を集め、主要メディアで中継されるような武道イベントはそれ自体ポピュラー文化の一環をなしている。それゆえ、武道とポピュラー文化とのクロスオーバーのやや特殊な形として、武道そのものをポピュラー文化として発展させていくという方向を考えることができるのだが、この点に関しては、嘉納治五郎に先見的なセンスがあった。嘉納は、メディアの協力を取りつけながら柔道のイベント化を図り、「柔道を民衆化せしむること」を構想した（嘉納 一九三〇a）。一九二九年の天覧武道大会についての感想のなかで、嘉納は次のように述べている（嘉納 一九三〇b）。

思うに、柔道剣道はともに武術として価値あるのみならず体育としても尊重すべきものである。然るにこれを他のスポーツ等に比すれば、後者が民衆環視の中に熱狂裡に行われ、新聞雑誌等も盛んにこれを掲げ、近来ますます隆盛に赴きつつあるに反し、前者は依然旧慣を墨守して殆ど道場より一歩も出ずることがなかった。従って武道が一般国民より親しまれ、重んぜられねばならぬ多くの理由あるにも拘わらず、却ってこれより遠ざかるが如き傾向を有したのがその実際であった。

こうした考えに基づいて「柔道の民衆化」を構想した嘉納によって一九三〇年に企画され開始された全日本柔道選士権大会は、戦争の激化によって一時中止されたが、戦後一九四八年には全日本柔道選手権大会として再開・継承され、今日なお日本最大級の武道イベントの一つである。

文献

Hobsbaum, E. and T. Ranger, eds., 1983, *The Invention of Tradition*, Cambridge University Press.（＝一九九二、前川啓治ほか訳『創られた伝統』紀伊國屋書店）。

Inoue, S., 1998, "The Invention of the Martial Arts: Kanō Jigorō and Kōdōkan Judo," in S. Vlastos, ed., *Mirror of Modernity: Invented Traditions of Modern Japan*, University of California Press.

井上俊、二〇〇四、『武道の誕生』吉川弘文館。

神山典生、一九九七、『ライオンの夢——コンデ・コマ＝前田光世伝』小学館。

嘉納治五郎、一九三〇a、「愈々近づいた全日本柔道選士権大会」『柔道』一(八)、講道館文化会。

———、一九三〇b、「天覧武道試合所感」宮内省監修、大日本雄弁会講談社編『昭和天覧試合』大日本雄弁会講談社。

丸島隆雄、一九九七、『前田光世——世界柔道武者修行』島津書房。

中村民雄、一九九四、『剣道事典——技術と文化の歴史』島津書房。

老松信一、一九六六、『柔道百年』時事通信社。

斉藤仁、一九八九、『じょっぱり柔道』国書刊行会。
山本甲一、二〇一七、『剣道大臣——笹森順造と撓競技』島津書房。

付記

本稿は、日本武道学会第五〇回記念大会の国際シンポジウム「武道とマーシャル・アーツ：伝統文化と大衆文化のクロスオーバー」（二〇一七年九月七日、於：関西大学千里山キャンパス）での報告「武道とポピュラー文化」にいくらか加筆したものである。

身体知の世界

1　ヘリゲルの弓道修行

一九三六年二月二五日、ベルリンの独日協会で、エルランゲン大学の哲学の正教授オイゲン・ヘリゲル（一八八四〜一九五五）が講演を行ない、かつて日本に滞在したときに弓道を学んだ体験について語った（Herrigel 1936＝一九八二、以下の引用は本訳書による）。

ヘリゲルは一九二四年五月から二九年八月まで仙台に住み、東北帝国大学で哲学と古典語（ギリシャ語およびラテン語）を教えた。そのかたわら、著名な弓道師範、阿波研造（一八八〇〜一九三九）に入門して弓を学んだ。弓道を通して、日本文化のなかに浸透している禅的なものを理解したい、という意図がヘリゲルにはあった。また、かつて小銃や短銃の射撃を練習したことがあるので、その経験が弓を学ぶのに役に立つだろうという思惑もあった。しかしこれはまったく見当違いだったと彼は述べている。

稽古はまず、弓の引き方を学ぶことから始まった。阿波師範は「弓を腕の力で引いてはいけない」、力を抜いて引きなさい、「心で引く」ことを学びなさい、と言う。しかし、筋力を使わずにどうして弓を引くことができるのか、ヘリゲルには納得がいかない。稽古を重ねても、なかなかうまくいかない。師範はヘリゲルの呼吸法がよくないと指摘し、正しい呼吸法を指導する。結局、ヘリゲルが「心で引くこと、つまり筋肉をすっかり弛《ゆる》めて力を抜いて引くこと」ができるようになるまで一年かかった。

次の段階は矢を射ることであるが、ヘリゲルは矢を放つタイミングがうまくとれなくて苦労する。師範は、タイミングをとろうとすること自体がよくない、頃合いを計って意識的に矢を放とうとするのがよくないと諭す。「あなたは無心になることを、矢がひとりでに離れるまで待っていることを学ばなければならない」。これに対してヘリゲルは、「しかしそれを待っていると、いつまで経っても矢は放たれません」と反論する。待っているだけでは腕が疲れて矢を射ることができなくなる、その前にどこかの時点で意識的に矢を放つ必要がある、というのだ。師範は、なるほど「待て」と言ったのは誤解を招く言い方だったかもしれない、本当は「待っても考えても感じても欲してもいけないのである」と言い直し、「完全に無我となり、我《われ》を没すること」ができれば自然に「正しい射方」に到達すると答える。だが、ヘリゲルはなお納得しない。「無になってしまわなければならないと言われるが、それではだれが射るのですか」。師範の答えは「それが分かるようになったら、あなたにはもう師匠が要らなくなる」。

そして最後の段階は的前稽古《まとまえ》、つまり近くの巻藁《まきわら》ではなく、遠くの的を射る稽古である。師範が「的を狙ってはいけない」と注意するので、ヘリゲルはまたまた困惑する。狙いをつけることなく、どうして的に当てることができるのか。師範は、的に当てることは重要なことではないと言う。重要なのは、的に当てる技巧ではなく「精神的に射ること」、つまり無心のうちに正しく射ることである。だから、「的のことも、中《あ》てることも、その他どんなことも考えてはならない」。ただこれまで稽古した通りに射ればよいのだ。

しかしヘリゲルは納得せず、「自分にはこの狙わずに中《あ》てるということが理解も習得もできない」と言い張ったので、師範はある夜、暗闇のなかで見えない的を射てみせる。そのとき以来「私は疑うことも問うことも思いわずらうこともきっぱりと諦め……まじめに稽古を続けた」とヘリゲルは述べている。その甲斐あってか、彼は帰国前に五段の免許を授与された。

2　武芸のディスクール

ヘリゲルの講演は、ある意味で、彼と阿波師範との間のコミュニケーションの困難とその克服の物語である。

何よりもまず、言葉の問題があった。講演の初めのほうでヘリゲルは、「日本人は、自分の語る事をヨーロッパ人としてはすべて言葉を手がかりに理解するほか道がないのだということに、少しも気がつかない」と述べている。ヘリゲルによれば、「日本人にとっては、言葉はただ意味に至る道を示すだけで、意味そのものは、いわば行間にひそんでいて、一度ではっきり理解されるようには決して語られも考えられもせず、結局はただ経験したことのある人間によって経験されうるだけである」。こうした文化的問題に加えて、これは講演ではほとんど触れられていないが、ヘリゲルは日本語に堪能とはとても言えなかった。稽古には、ほとんどいつも、東北大学の同僚（商法担当）で阿波の弟子であった小町谷操三がつきそい、通訳を務めた。だが一方では、稽古自体が身体を通じてのノンバーバル・コミュニケーションとして作用した面があったし、また言葉がうまく通じないために「幸福な誤解」が生まれ、結果としてうまくいくようなこともあったようだ。

ヘリゲルと阿波それぞれの出身背景を考えれば、二人の間のコミュニケーションに困難がともなったのはむしろ当然とも思われる。ヘリゲルは、エックハルトの神秘思想や日本の禅に興味を抱いていたとはいえ、もともとハイデルベルク大学で新カント派の哲学を学び、W・ヴィンデルバントのもとで学位を取得した研究者である。一方、阿波研造は高等小学校卒業後、漢学を学び、さらに仙台藩に伝わる日置流雪荷派の弓術を学んだ武道家。一九一七年には大日本武徳会演武大会（三三二名参加）において特選第一位を得たほどの名手であり、旧制第二高等学校や東北帝大の弓道師範も務めた。また、「射によって人間を造る」ことを唱え、「大射道教」という独特の武道教団を設立したことでも知られている（ヘリゲルの生涯については、一九三七年入党のナチ党員としての経歴なども含めて、山田 二〇〇五、池沢 二〇一八、など参照。阿波研造については、櫻井 一九八一、池沢 二〇一二、など）。

この大射道教がらみのこともあって、阿波研造は当時の弓道界では異端視されることもあったようだが、ヘリゲルに対する教え方やアドバイスに関して言えば、『兵法家伝書』や『五輪書』にまで遡る日本の武術文化の伝統から逸脱してはいない。

『兵法家伝書』は新陰柳生流の基本伝書で、柳生但馬守宗矩（一五七一～一六四六）によって一六三二年に完成されたと言われる。一方『五輪書』は二刀流として知られる二天一流の基本伝書で、流祖宮本武蔵玄信（一五八四～一六四五）によって、その最晩年に（一六四四年頃）書かれたと伝えられている。

この二著は、対照的と言ってよいほど異なった考え方に立っている面もあるが、技の修練そのものにかかわる事柄やそのための心構えなどについては基本的に共通するところが多い。例えば阿波がヘリゲルに求めた「無我」「無心」ということも、この両著で共通に強調されている。『兵法家伝書』はこれを「とゞまらぬ心」とも言い、また「平常心《びょうじょうしん》」「常の心」とも言う。ことさらに矢を放つタイミングを計ったり、的に当てようと思うのは、心をそこにとどめることになり、かえってよくない結果を招く。「兵法つかふに、兵法の心のかずば、病気也。弓射《ゆみい》るに、弓射る心がのかずば、弓の病《やまい》也。只《ただ》常の心に也《な》りて太刀《たち》をつかひ弓を射《い》ば、弓に難《なん》なく、太刀自由なるべし」。『五輪書』においても、ほぼ同じ意味で「常の心」の重要性が説かれている。

武術の稽古や習いの最終的な目標は、そうした心の状態に到達することにある。そこに到れば、これまで稽古してきたこと、習ってきたことにも心をとどめることなく、しかもその稽古や習いの成果を発揮することができるようになる。つまり、『兵法家伝書』の言う「習《ならい》をはなれて習にたがわず、何事もするわざ自由也」の境地である。これは、単に習ったことが「身体化」され、反射的に再現できるようになるというだけではない。状況によっては、習いにこだわらず、自在に創造的に対応できるようになるということでもある。習いはいわば習いを忘れる準備であり、「習いより入りてならひなきにいたる」のが理想なのだ。それゆえ、「ならひをわすれ、心をすてきつて、一向に我もしらずしてかなふ所が、道の至極」と『兵法家伝書』は説く。同様に『五輪書』も、「道理を得ては道理をはなれ、兵法の道に、おのれと自由ありて、……おのづから打ち、おのづからあたる」と述べている。つまり、武芸の極意は、修練によって主体あるいは自己の作用を消し去り、意志や思考の介入なしに「おのづから」身体が適切に動いて相手を倒すというところにある。この「おのづから」の理想は一種の「自然主義」と言えるが、ここでの「自然」は必ずしも「文化」の対立概念ではない。自然（無為、無心）はむしろ、文化（人為）の洗練あるいは修練によって到達すべき目標なのである（森 一九六九、井上 二〇〇〇）。

このようなディスクールの世界、近世の武芸伝書によって展開され、長らく受け継がれてきた言説の世界に阿波研造は親しんでいた。そしてそれは、ヘリゲルの知的背景をなす新カント派哲学の言説世界とはずいぶん違う世界であった。

3　身体知の言語化

コミュニケーションの困難は、しかし、阿波とヘリゲルの文化的背景の違いだけによるものではない。というのも、どんな文化にとっても、そこで実践されているさまざまな「身体技法」（M・モース）を言葉によって的確に表現し、説明することは容易ではないからである。

ヘリゲルに対する阿波師範の指導のなかには、ピエール・ブルデューの言う「実践感覚」（sens pratique）の伝達が含まれている。実践感覚とは、「こう言った方がよければ、スポーツマンたちが言うところのゲームのセンスというもの」であり、「ゲームの経験によって獲得され、（例えば、身体技法のように）意識と言説の手前で作用するもの」である（Bourdieu 1987: 77＝一九八八：九九）。だから、ヘリゲルの質問に困惑した阿波師範が「経験してからでなければ理解のできないことを、言葉でどのように説明すべきであろうか」と悩むのも無理はないのである。

「身体技法」や「実践感覚」は、身体化された知としての側面をもっている。知の形態として見れば、それはマイケル・ポランニーの言う「暗黙知」の一種である。ポランニーは、例えば私たちが群集のなかでもすぐに知人の顔を見分けることができる（しかしその理由を説明することはむずかしい）といった事例から、「我々は語ることができるよりも多くのことを知ることができる」とし、この種の知、つまり知ってはいるが言葉にして明示的に述べることとの困難な知を「暗黙知」と呼び、その重要性を指摘した。彼によれば、芸術や科学の分野における創造力、あるいは名医の診断・治療技術などには、この暗黙知の働きが認められる。スポーツや技芸におけるスキルなども同様である。このように考えるなら、「知る」ということには理論的に知ることと実践的に知ること、あるいはギルバート・ライルの区別を借りれば「何であるかを知ること」(knowing what) と「いかにしてかを知ること」(knowing how) の両方が含まれているのであり、「暗黙知」は主としてこの後者の側面にかかわっている (Polanyi 1966＝一九八〇)。

言葉になりにくい実践的な知識を他人に説明したり、伝えたりしようとするとき、私たちは、すでに言語的かつ理論的に構築されている知の分野に助けを求めがちである。日本の伝統的な武術の場合は、一般に仏教思想、とりわけ禅の考え方が参照されることが多い。『兵法家伝書』も「兵法《へいほう》の、仏《ぶっ》法《ぽう》にかなひ、禅《ぜん》に通ずる事多し」として、しばしば仏教、とくに禅の言説を援用している。これは他の多くの武芸伝書類にも共通している。この点で「今此書《このしょ》を作るといへども、仏法《ぶっぽう》・儒道《じゅどう》の古語をもからず……」と宣言した『五輪書』はむしろ例外である。

阿波研造も禅には多大の関心をもっており、参禅の経験もあったようだ。阿波はもともと仙台藩日置流雪荷派の弓術を学び、さらに竹林派本多流を学んだが、「一派を深く会得したならば、偏狭の精神を捨て、一派に甘んぜず、各派を調べ、その長所を採ることを旨とすべきである」と考えており、雪荷派や竹林派以外の諸流派の伝書や武芸の歴史なども研究していたから、そこでしばしば援用される禅のディスクールにもなじんでいた。そして彼自身、「弓禅一味」を説き、また「射裡見性」「射心常住」など、禅の用語を含むモットーなども唱えていた（櫻井 一九八一、池沢 二〇一二）。

先に触れたように、ヘリゲルはもともと禅に興味を抱いており、禅への入り口として弓を習い始めたという経緯もあったので、阿波師範の言葉をさらにヘリゲルなりに禅に結びつけて解釈した面もあったと思われる。ベルリンでの講演から一二年後の一九四八年、ヘリゲルは『弓と禅』を出版する。いわば弓の実践知と禅の理論知とを巧みに接合した著作であり、一九五三年には鈴木大拙の序文を付した英訳版も出版され、世界的に広く知られるようになった。

『弓と禅』については多くの研究や言及がある。比較的近年のものでは、本書を中心にヘリゲルの記述の形成過程や弓＝禅の「神話化」の過程を分析した山田奨治の考察が興味深い（山田 一九九九、二〇〇五）。

もちろん、ある実践知を別の分野の理論知によって記述したり、説明したりするという方法自体は、武芸と禅に限らず広く見られることである。身体的・実践的な知の場合、その実践分野に直接関係する理論や言葉を用いること、あるいは理論的・科学的に正しい言葉を用いることが説明や指導に効果的であるとは必ずしも言えない。ブルデューも、スポーツに関して、「ときには、伝達したいものの妥当な記述とは何の関係もない言葉の方が、身体にはよりよく理解されるということがあるのではなかろうか」と述べている（Bourdieu 1987: 215＝一九八八：二八九）。

実践知の世界は、例えば武道からピアノ、陶芸から料理にいたるまで、きわめて多様で広大である。そして、それらの一つ一つがさまざまな仕方で言語化され、伝達されてきた。単に文化や言語の違いだけでなく、階級、ジェンダー、教育程度、社会的ネットワークなど多くの要因が知の分化をもたらし、多種多様な「ローカルな知」を生み出す。この多様性を「グローバルな知」の掛け声のもとで体系化し統一化しようとする動きも一方では見られるが、平板な一元化に陥ることなくこれを実現することはなかなかむずかしい。もともと体系化や統一化になじまないところにローカルな知の豊かさがあるのだから。

知または知識を意味する英語のknowledgeに複数形はないが、多様な日常知や実践知を含めて「複数形の知」('knowledges' in the plural) に目を向けるべきだとピーター・バークは主張した (Burk 2000＝二〇〇四)。知の複数性、とりわけ身体的・実践的知の複数性・多様性とそれらの間の通約困難性 (incommensurability) を私たちは十分に認識し、また尊重しなければならない。しかし同時に、それらは互いに完全に孤立しているわけではなく、例えば阿波とヘリゲルのエピソードが示唆するような形で、あるいはまた別の形で、ときには思いがけない通路を経たりもしながら、相互に交流しあい連繫しあう可能性があるということもまた、忘れるべきではない。

文献

Bourdieu, P., 1987, *Choses dites*, Editions de Minuit.（＝一九八八、石崎晴己訳『構造と実践』新評論）。
Burk, P., 2000, *Social History of Knowledge*, Polity Press.（＝二〇〇四、井山弘幸・城戸淳訳『知識の社会史』新曜社）。

Herrigel, E., 1936, *Die ritterliche Kunst des Bogenschiessens.*（＝一九八二、柴田治三郎訳『日本の弓術』岩波文庫）。

———, 1948, *Zen in der Kunst des Bogenschiessens,* S. Fischer Verlag.（＝一九八一、稲富栄次郎・上田武訳『弓と禅』改版、福村出版／二〇一五、魚住孝至訳『新訳 弓と禅』角川ソフィア文庫）。

———, 1953, *Zen in the Art of Archery,* translated by R. F. C. Hull, Pantheon Books; 1999, Vintage Spiritual Classic Edition.

池沢幹彦、二〇一二、『弓聖 阿波研造』東北大学出版会。

———、二〇一八、『オイゲン・ヘリゲル小伝』東北大学出版会。

井上俊、二〇〇〇、「武道のディスクールにおける〈自然主義〉」『スポーツと芸術の社会学』世界思想社。

宮本武蔵（渡辺一郎校注）、一九八五、『五輪書』岩波文庫。

森三樹三郎、一九六九、『「無」の思想』講談社現代新書。

Polanyi, M., 1966, *The Tacit Dimension,* Peter Smith.（＝一九八〇、佐藤敬三訳『暗黙知の次元』紀伊國屋書店／二〇〇三、高橋勇夫訳、ちくま学芸文庫）。

櫻井保之助、一九八一、『阿波研造 大いなる射の道の教』阿波研造先生生誕百年祭実行委員会。

柳生宗矩（渡辺一郎校注）、一九八五、『兵法家伝書』岩波文庫。

山田奨治、一九九九、「神話としての弓と禅」『日本研究』一九、国際日本文化研究センター。

———、二〇〇五、『禅という名の日本丸』弘文堂。

III

コミュニケーションと物語

「たらい兜」のコミュニケーション

1　対話と暴力

対話 vs 暴力

子どものケンカなどを見ていると、たいてい口ゲンカから始まって、言い負かされたほうが先に手を出すことで本格的なケンカに発展する。反論の言葉を失った側が暴力に訴えるという形である。これを、対話というコミュニケーションが暴力によって破壊されると見ることはたやすい。しかし、一概にそうとばかりは言いきれない面があることもまた事実であろう。言い負かされた子どもの暴力的な反応のなかには、しばしば、うまく言葉にできなかったメッセージが含まれているとも思われるからである。とすれば、この子は対話（コミュニケーション）を破壊しているというより、むしろ別の形で続けようとしていると見ることもできる。

子どもに限ったことではない。誰にでも経験のあることだろうが、自分の思いや感情を対話のなかで的確に相手に伝えることはなかなか簡単ではない。それは、一つにはもちろん、人それぞれの言語的能力、つまり言葉によって自分を表現する能力の問題である。しかし一方、もともと言葉になりにくいメッセージ、言葉で伝えることのむずかしいメッセージというものもある。例えば、あれこれの具体的な欲求や不満ではなく、学校や家庭や社会のなかで漠然と感じられる疎外感や閉塞感、あるいは「自分の存在を認めてほしい」とか「生きている実感がほしい」といった訴えなどがそうである。こうしたいわば「実存的」なメッセージは、一般に言葉になりにくく、言葉の形で他者に伝達することがむずかしい。そのため、この種のメッセージはときに（他者あるいは自分自身に対する）暴力という形で表出されることがある。暴力のなかには、例えば警告や脅迫のための暴力、身の潔白を訴えるための自死など、メッセージ性の明白なものもあるが、一見そうではない暴力、つまり衝動的で無意味に見えるような暴力のなかにも意外に複雑なメッセージがひそんでいる場合がある。

一般に対話と暴力は相容れない対立的なものと考えられがちである。そして、暴力を対話（あるいは言論）によって置き換えていくことが、文明の進歩だと言われる。たしかに、それはその通りなのだが、そういう置き換えが可能であるということは、実は両者の間の深いつながりを暗示してもいる。つまり、対話と暴力はその働きにおいてしばしば互換的なのである。だから私たちは、両者を対立的にとらえるだけでなく、一方では暴力のメッセージ性（「対話としての暴力」）に、そして他方では対話の暴力性（「暴力としての対話」）にも目を向けていくことが必要であろう。

「二人の哲学者」

対話がときに暴力的な性質を帯びることは、対話のなかで傷ついた（あるいは相手を傷つけた）経験として、おそらく誰もが知っていることであろうが、ここでは戦後間もない頃の日本の歴史のなかから一つの事例を取り上げてみたい。それは、菅季治《かんすえはる》という若い哲学研究者の自死（一九五〇年）をめぐる事件である。今ではほとんど忘れられているこの事件をここで取り上げる大きな理由の一つは、この事件を扱ったすぐれた論考が、事件の二年後、鶴見俊輔によって書かれているからである。「二人の哲学者――デューイの場合と菅季治の場合」というその論文は、コミュニケーションという観点からこの事件を分析している。

一九五〇年二月、戦後長らく旧ソ連（ソヴィエト社会主義共和国連邦）に抑留されていた日本人の一団が帰国し、そのなかの一部の人たちが、自分たちの帰国が遅れたのは日本共産党書記長の徳田球一がソ連に対して「反動思想の持主は帰すな」と要請したからであるとして、真相究明の請願書を国会に提出した。これが事件の発端である。

この人たちは、カザフ共和国（現カザフスタン）のカラガンダからの帰還者であったが、彼らがタシケントからカラガンダの収容所に移されたとき（一九四九年九月）、ホールのような建物に集められ、所長代理らから収容所生活心得のような訓示があった。そのさい捕虜側から「われわれはいつ日本に帰れるのか」という質問が出た。これは、同年四月にソ連政府が発表した「日本人捕虜は戦犯を除き一一月までに送還する」という声明を踏まえた質問である。これに対してソ連側政治部将校の答えは

「それは諸君自身にかかっている」というものであった。収容所での労働と学習によって「真正の民主主義者」となれば帰れるのだと彼は言い、さらに「日本共産党書記長徳田は、諸君が反動分子としてではなく、よく準備された民主主義者として帰国するように期待している」と述べた。そして、これを通訳したのが、数年前からここに収容され、通訳の役を務めていた菅季治であった。

菅は一九一七年生まれ。東京高等師範学校から東京文理科大学哲学科に進み、務台理作や田中美知太郎らの教えを受け、一九四一年に卒業、出身地の北海道に帰り旭川師範学校教諭となったが、翌年退職して京都大学大学院に入学した。在学中の四三年一一月に召集を受け、軍隊生活に入る。陸軍の高射砲学校を卒業して見習士官となり、四五年二月、関東軍の一員として満州に赴任、八月には奉天で終戦を迎え、武装解除を受けた。奉天周辺での抑留を経て一一月にはカラガンダの収容所に送られたが、その間に菅は独学でロシア語を身につけ、以後四年に及ぶ収容期間中、通訳として活躍し、また収容所内でのソ連側主導の政治教育活動などにもかかわった。四九年一一月に帰国後、東京教育大学（かつての東京文理科大学、現在の筑波大学）聴講生となり、哲学研究の道への復帰を考えていたところに突然「徳田要請問題」が起こった（菅 一九五〇、田村・石塚 一九八七、平澤 一九九八）。

対話の暴力

折から東西の冷戦が激化し、ソ連抑留日本人捕虜の「洗脳」や「赤化」がうんぬんされるといった情勢のなかで、この「徳田要請」は大きな問題となり、一九五〇年三月一六日、「参議院在外同胞引揚問題に関する特別委員会」が徳田本人を証人喚問したが、徳田は「要請」など事実無根と強硬に否定した。次いで、ソ連将校の発言を通訳した菅が、他のカラガンダ引揚者ら数人とともに喚問され、三月一八日には「参議院在外同胞引揚問題に関する特別委員会」で、四月五日には「衆議院考査特別委員会」で、菅らの証言が行なわれた。先に挙げた鶴見の論文では、これら二つの委員会の議事録(質疑応答の記録)が詳しく分析されている。

単純に考えれば、菅はソ連政治将校の言葉を通訳しただけであり、「徳田要請」があったかなかったかについて有効な証言をすることはできないはずである。とうぜん菅自身もそのように考え、いつ、どのような状況で、将校のどのような発言(ロシア語)を、どのような日本語に訳したか、という事実だけを述べようとし、「要請」の有無については自分にはわからないと証言する。しかし、次々と質問に立つ委員たちは、事実よりもむしろ、事実に対する菅の解釈や意見を執拗に求め、質疑応答の流れを「要請があった」という方向に導こうとする。

例えば、通訳された菅の言葉を聞いた捕虜たちは「要請があった」と感じたと言っているが、それについてどう思うかという質問があり、これに対して菅は、当時の状況や捕虜たちの心理を考えると、そのように感じるのが「自然」かもしれない、と答えている。あるいはまた、「(徳田は……)期待している」と菅が訳したロシア語の動詞は「要請している」とも訳せるのではないかという質問。初め菅は「要請では意味が強すぎる」と答えたが、ロシア語に詳しいという別の証人の「要請とも訳せる」という証言などもあって、結局「たしかに主観的な解釈の問題です」と譲歩してしまう。さらに質問は菅の個人的な思想・信条にまで及ぶ。天皇制に反対のようだがと問われて、菅が「反対です」と答えると、それでは共産主義者に違いない、だから日本共産党や徳田書記長を守る立場から証言しているのだろう、と追及される。いつの間にか彼は証人席から被告席に移されている。

コミュニケーションの神話

二つの委員会でのこうした「対話」のなかで菅季治は孤立し、追いつめられていく。そして、衆議院特別委員会の翌日、一九五〇年四月六日午後七時半頃、中央線吉祥寺と三鷹の間で鉄道自殺をとげる。三二歳であった。師の務台理作と田中美知太郎、友人の石塚為雄(のちに信州大学教授)、弟の菅忠雄に宛てた遺書、そして特定の宛名のない「かきおき」(これはのちに「世間の人々へ」という宛名を与えられて知られるようになる)など、計七通の文書が遺されていた。「わたしを調べる人々は、わたしとソ同盟、わたしと日本共産党との間に、何か関係があることを疑って、わたしの証言の純粋さを否定しようとする。今の世の中では、ただ一つの事実を事実として明らかにするためにも、多くのうそやずるさと闘わねばならないらしい」(「かきおき」)。「あの事件で、わたしはどんな政治的立場にもかかわらないで、ただ事実を事実として明らかにしようとした。しかし政治の方ではわたしのそんな生き方を許さない。わたしは、ただ一つの事実さえ守り通し得ぬ自分の弱さ、愚かさに絶望して死ぬ」(石塚為雄宛て)。

「二人の哲学者」という鶴見の論文は、その副題に示されているように、もう一人の哲学者としてジョン・デューイを取り上げている。コミュニケーションを重視するデューイの思想を紹介しながら、しかしその弱点として、「ディスコミュニケーション」の問題が軽視されていると鶴見は指摘する。

ディスコミュニケーション（dis-communication）というのは、鶴見がつくった言葉で英語の辞書には載っていないが、例えば菅と質問者たちとの対話における意図的および無意図的な「すれ違い」の部分をいう。要するに、コミュニケーションにおいて意味の通じ合わない部分のことである。コミュニケーションには常にさまざまな形でディスコミュニケーションがともなう。しかし、デューイのコミュニケーション論はこのことを重視せず、いずれは理性的な説得によって、またそのための組織や制度の改良によってディスコミュニケーションを除去することができると、「きわめてのんきに、楽天的に考えて」いる。言いかえれば、デューイのコミュニケーション論は、一切のディスコミュニケーションを排除した「完全なるコミュニケーションの神話」に支えられており、しかもそれが「神話」であることが自覚されていない。そこにデューイ哲学の限界がある。そしてそれは、菅季治においても同様であると鶴見は言う。菅もまた、「完全なコミュニケーション」の可能性を信じ、ディスコミュニケーションに対して無防備であったがゆえに、それに深く傷つけられる結果となった。その意味で、菅季治の悲劇は「デューイ哲学への解毒剤の役をはたす」のである。

2 対話の理想

プラトンの対話篇

コミュニケーションにはさまざまな形があるが、最も基本的なのは対話というコミュニケーションであると言われる。国際間の外交関係などに関しても「もっと対話を」などと言われることはあるが、ほんらい対話とは比較的少数の個人が互いに言葉を交わすことを意味する。

この対話という形式をコミュニケーションの基本型として、また真理や合意に到達する方法として自覚的に重視し始めたのは古代ギリシャの哲学者たち、とりわけソクラテスであったと言われる。ソクラテスの実践は、弟子のプラトンによって理念化され、多くの対話篇として後世に伝えられ、西洋哲学の源流となった。プラトンの対話篇では、ソクラテスを中心とする登場人物たちが、例えば「愛について」「勇気について」「徳について」など、さまざまな主題をめぐって対話を交わすことによって、問題点が明らかにされ、常識的・通念的な理解を超えた結論が導かれる。

プラトンによると、対話というものの原型は自分自身を相手とする対話である。そして、それは「心が思考しているときの姿」を示している（『テアイテトス』一九〇A）。この内的対話＝思考が一定の結論に到達することによって、人それぞれの「思いなし」（意見）が形成されるのであるが、さらにそれは他者との対話を通して吟味され、明確化され、深められていく。だから、自分の考えが反論され、批判されることを恐れてはならない。真の対話は、「自分の言っていることに誤りがあればよろこんで反駁をうけるとともに、他人が間違ったことを言えばよろこんで反駁するような人間、しかし、どちらかといえば、他人を反駁するよりも自分が反駁されるほうを歓迎するような人間」の間に成り立つ。さらにプラトンは、対話においては「一方的な長広舌」を避けること、多数意見に迎合しないことも大切であると言う（『ゴルギアス』四五八A、四八二C、など）。

対話は何よりも言葉によって、とりわけ「語られる言葉」によってなされる。プラトンは「書かれた言葉」というものを重視しなかった。それは誰に対しても常に「ただひとつの同じ合図」を送るだけで、読者の質問や疑問に答えてはくれない。また、誤解や不当な非難にさらされても、適切な説明や反論ができない。つまりそれは「自分を弁護することも、納得の行くまで真実を教えることもできない」のである。だから、ものを書くとしたら、それは「「もの忘るるよわいの至りしとき」にそなえて、自分自身のために、また、同じ足跡を追って探求の道を進むすべての人のために、覚え書きをたくわえるということなのだ」。語られる言葉こそが「生命をもち、魂をもった言葉」なのであり、「書かれた言葉は、これの影である」にすぎない（『パイドロス』二七五D〜二七七A）。プラトンはまた、真の対話のためには「自己自身のもっているものだけを頼りに、自己自身の声と自己自身の言葉によって」語ることが大切であると説く（『プロタゴラス』三四七C〜三四八A）。

継承されるモデル

こうしたプラトンの考えは、西洋の思想史において脈々と受け継がれ、社会学的なコミュニケーション論にもさまざまな影響を与えてきた。例えば、自分自身との対話という発想はG・H・ミードによって社会心理学的に展開されたし、語られる言葉と書かれる言葉との対比はM・マクルーハンやJ・オングによってメディア史的・文化史的な文脈で改めて取り上げられた。

しかしさらに重要なのは、プラトンの対話モデルの基本的な枠組み、つまり理性的で自律的でフェアな対話者を想定し、そのような人びとが対等な立場で直接に言葉を交わすという枠組みそのものが連綿と受け継がれているということであろう。その一例がさきに触れたデューイのコミュニケーション論である。また、ユルゲン・ハバーマスのコミュニケーション論にしても、もちろんプラトンよりもずっと社会学的に洗練され体系化されてはいるが、基本的な考え方としてはプラトンのモデルを引き継いでいる。それは、例えば「コミュニケーション的行為」の「妥当性要求」(真理性・正当性・誠実性)をめぐる議論や「討議」の理念などを見ても明らかであろう(Habermas 1981＝一九八五〜八七)。

プラトンはどちらかといえば対話コミュニケーションのあるべき姿として、一方ハバーマスは人びととの実際のコミュニケーション活動のなかに潜在的に含まれている本来的特性として、それぞれのモデルを考えたのであるが、いずれにしても、モデルの通りに現実が動くわけではないのは当然である。

先の菅季治のケースについて鶴見俊輔は、菅が召喚された二つの委員会でのコミュニケーションが歪められた要因として、GHQの圧力などを含めて占領下の日本における政治的な力関係が作用したこと、ソ連に対する反感や先入見の広まりという社会心理学的条件があったこと、また「日本人のコミュニケーション習慣」のせいもあって証人(菅)と質問者(国会議員)とのあいだに対等のコミュニケーションが成立しなかったこと、などを指摘している。GHQというのは、当時日本を占領していた連合国軍の総司令部のことで、いわゆる「戦後民主化」政策を推進した主体でもあり、その政策の一環として、民主的な意思決定・問題解決を促進すべく、国会から学校のホームルームにいたるまで「対話の理想」を広く推奨していた。しかし実質的には米国の利害を代表する機関でもあり、このときも事前に菅を呼び出し(四月九日と一〇日)、政治的圧力をかけたと言われる。

いずれにせよ、これらの事情が委員会での対話にさまざまな歪みとディスコミュニケーションをもたらし、プラトン的な対話のモデルに依拠する菅を追いつめていった。菅が自死したとき、その上着の内ポケットには岩波文庫のプラトン『ソクラテスの弁明』が入っていたという。

理性的対話の限界

鶴見はまた、菅と質問者とのやりとりのなかに純粋に論理的な次元での問題点がいくつか含まれることも指摘している。西洋哲学のトレーニングを受けた菅でさえ、十分に論理的であったとは言えない、ということであろう。実際、「理性的・論理的な対話を」などと言うのはやさしいが、実行するのはきわめてむずかしい。そのうえ、たとえ実行できたとしても、それだけでは(つまり、感情的・感覚的にも相手を納得させることができなければ)、相互理解や合意形成に関して十分な効果をもつとは言えない。その点を鶴見は「デューイの楽天主義」として批判し、「理性的説得の方法もデューイが思っているほどの大きな可能性をもたない」と述べたのである。

私たちが日常的に行なっているコミュニケーション活動は、自分で意識している以上に複雑なもので、なかなか一筋縄ではいかない。ときには、どこから見ても理性的でも論理的でもない対話によって、深いコミュニケーションが成り立つようなこともある。ここで私は、必ずしも感情的な怒鳴りあいのようなものをイメージしているわけではない。むしろ、佐野洋子が自伝的エッセイ『シズコさん』のなかで述べている体験が、一つの例として有益かもしれない。

絵本作家として、またエッセイストとしても知られた佐野洋子は一九三八年、北京に生まれた。父親は、満鉄調査部で「中国農村慣行調査」などに従事していた佐野利一。洋子には二つ年上の兄がいて、とても仲がよかったが、母親はこの兄を偏愛し、洋子には冷たかった。「四歳位の時、手をつなごうと思って母さんの手に入れた瞬間、チッと舌打ちして私の手をふりはらった。私はその時、二度と手をつながないと決意した」。

一家は戦後、一九四七年に引き揚げ、父の郷里の山梨県に住むことになるが、間もなく下の弟が亡くなり、次いで兄も一一歳で亡くなる。そのときから、佐野は「虐待」と言ってよいような扱いを母から受けるようになる。「母は本当に兄の代りに私に死んで欲しかったのだ」。

その後、山梨の田舎から静岡市に引っ越すと、「母さんの手荒い仕打ちはピタッと止まり、たちまちその社交性が花咲き、父の同僚の奥さんたちとうちとけ、明るい声と陽気な笑い声の人になった」。

一方、佐野は反抗期に入り、「家の中で全く口をきかない人」になる。一八歳で大学受験のために上京、家を離れる。その後間もなく父が亡くなるなど、いろいろなことが起こるが、佐野と母の関係は一貫して冷たい。

理性の衰弱

後年、八〇歳に近づいて呆けはじめた母を佐野は自宅にひきとり、さらに二年後には高額の老人ホームに入居させる。それは、愛情からではなく、「長女の義務」としてであり、また「母を好きになれないという自責の念」「母を愛せない罪悪感」からでもあった。老人ホームの母は、呆けのせいもあって「優しいおばあさん」になり、佐野がたまに訪ねるとパッと表情が明るくなり嬉しげになるのだったが、「それでも私は無愛想で自分の無愛想に自分で傷ついていた」。そのうちに、母の認知症はますます進んでくる。


「母さん、結婚した相手は誰ですか」

「わたし結婚なんかしなかったわ」

「じゃあ、佐野利一は誰?」

「誰なの」

「あなたのご主人ですよ」

「まあ、そうなの、主人なの。なんちゃってね」

私が笑うと母さんもうれしそうに大きな声で笑った。

こういう会話を重ねるうちに佐野は「初めて二人で優しい会話が出来るようになった」と感じる。「私は正気の母さんを一度も好きじゃなかった。いつも食ってかかり、母はわめいて泣いた」。でも今では、状況が変わってきた。あるとき、老人ホームのベッドに母を引き上げたあと、「あー疲れた」と同じふとんに入る。

私は……自然に母さんのふとんをたたいていた。／「ねんねんよう、おころりよ、母さんはいい子だ、ねんねしな」母さんは笑った。とっても楽しそうに笑った。／そして母さんも、私の上のふとんをたたきながら「坊やはいい子だ、ねんねしなー。それから何だっけ？」／「坊やのお守《も》りはどこへ行った？」／「あの山越えて、里越えて」とうたいながら私は母さんの白い髪の頭をなでていた。／そして私はどっと涙が湧き出した。……／そして思ってもいない言葉が出て来た。／「ごめんね、母さん、ごめんね」／号泣と云ってもよかった。／「私悪い子だったね、ごめんね」／母さんは、正気に戻ったのだろうか。／「私の方こそごめんなさい。あんたが悪いんじゃないのよ」／私の中で、何か爆発した。「母さん、呆けてくれて、ありがとう。神様、母さんを呆けさせてくれてありがとう」

関係の歴史

このとき佐野は「何か人知を越えた大きな力によってゆるされた」と感じ、「世界が違う様相におだやかになった」と言う。それからは、老人ホームに母を訪ねて「トンチンカンな話をする」のが佐野の楽しみになっていく。

「母さん私もう六十だよ、おばあさんになっちゃったんだよ」
「まあかわいそうに、誰がしてしまったのかねェ」
「洋子あんた生きてるの。私とあなたの間には、いることも、いらないこともあったわねェ」

このような佐野の体験は、理性的で論理的な対話の理想から大きくはずれているとともに、当事者間のコミュニケーションの歴史ということをも考えさせる。佐野と母親との間には、長い相互関係の歴史があり、コミュニケーション（あるいはむしろディスコミュニケーション）の歴史がある。それを抜きにしてこの物語を理解することはむずかしい。私たちの平凡なコミュニケーションにおいても、初対面の場合などを別にすれば、常に家族、友人、恋人、知人、同僚、師弟などとしてのつきあいや関係の歴史が、対話のたびにその場に持ち込まれ、それが相互のコミュニケーションのありかたにさまざまな曲折をもたらすのだが、そういうささやかな歴史の、決してささやかではない影響を適切に評価し、分析できるようなコミュニケーション理論は意外に少ないのである。

3　ディスコミュニケーション

「マンブリーノの兜」

ディスコミュニケーションやトンチンカンな会話は、私たちの日常的なコミュニケーションにおいてもしばしば生じる。その原因はもちろんさまざまであるが、ごく一般的な言い方をすれば、価値観や世界観の多元性に起因する場合が多い。何が善であり何が悪であるのか、何が美しく何が醜いのか、何が真実であり何が虚偽なのか、何が常識で何が非常識なのか、そういう考え方や感じ方に喰い違いがあると対話も喰い違い、しかもそのずれを対話のなかで合理的説得によって解消することはなかなかむずかしい。

そうした喰い違いの状況とそこに展開するトンチンカンなコミュニケーションを印象的な主人公とともに描いた古典的な作品は、セルバンテスの『ドン・キホーテ』であろう。一例として、「マンブリーノの兜」をめぐるエピソードを取り上げてみよう（アルフレッド・シュッツが「多元的現実」について論じた有名な論文「ドン・キホーテと現実の問題」もこのエピソードに言及しているが、ここではいくらか違った観点から取り上げる）。

サンチョ・パンサを連れて、「遍歴の騎士」として旅するドン・キホーテは、たまたま雨よけに真鍮のたらいをかぶった田舎の床屋に出会い、あれこそ「名高いマンブリーノの黄金の兜だ」と言ってその金だらいを奪い取る。しかし一方で、この名高い兜もサンチョの目には金だらいにしか見えないことをドン・キホーテは認識しており、「ほほう、こりゃなかなか立派な金だらいだわい。安くふんでも八レアルにはなりましょうて」などと言うサンチョに対して次のように説明する。

この世にも名高い魔法にかけられた兜は、何やら奇妙な事情により、その本当の価値を知りもしなければ判断することもできない者の手に落ちたものと思われる。そして、兜が純金でできているところに目をとめたその者は、自分が大変なことをしているとも知らずに、兜の下半分を溶かして金《かね》に変え、残りの半分で、お前の言うとおり、まるで床屋の金だらいのように見えるこれをこしらえたに相違ない。だが、たとえそうであろうと、この兜の本当の姿を知っておるわしにとって、このような変形など大した問題ではない。(『ドン・キホーテ』前編二一章)

「たらい兜」のコミュニケーション

なかなか論理的な説明であるが、もちろん笑いをかみころしているサンチョを説得することはできない。数日後、たらいと兜の「思い違い」をサンチョに指摘されたドン・キホーテは改めて「魔法使いの仕業」という説明を持ち出す。彼によれば、この世界にはたくさんの魔法使いがいて、われわれの周囲の事物を自由自在に変形している。だから、「お前に床屋の金だらいと見えるものがわしにはマンブリーノの兜と見えるし、またほかの者には別の物に見えるというわけよ」。そして、マンブリーノの兜を金だらいにしか見えないようにしているのは、その価値を隠し、その所有者である自分を守ってくれようとする、好意的な魔法使いの配慮によるのだと言う。さもなければ、この貴重な兜を奪い取ろうとして誰もが「わしをつけまわすであろう」(前編二五章)。

　サンチョはまだ納得しないが、それでも、ともに旅を続けるうちに、多少ともドン・キホーテの世界に歩み寄り、ついにはある場面で、この金だらいを「たらい兜」と呼ぶにいたる。「それにしても、あの時このたらい＝兜《バシイエルモ》がなかったとしたら、ひどい目にあっていたことでしょうよ。それはそれはものすごい石つぶての嵐に見舞われたものですからね」(前編四四章)。

　言うまでもなく、「たらい兜」は理性的対話によって達成された合意ではない。それはむしろ、ともに旅をするサンチョとドン・キホーテとのつきあいの歴史の産物である。「対話の理念」はむしろ逆に、はたしてそれはたらいなのか兜なのかと、明確な結論を合理的に導くことをめざすだろう。そして現代であれば、金だらいをあくまでも黄金の兜と主張して譲らぬ人は、通常の社会生活から隔離されて病院に送られることになるかもしれない。けれども「たらい兜」なら、兜の人もそれなりに日常のコミュニケーションにかかわることができ、通常の社会生活から排除されることはない。そして、もしかしたら、多数派の「たらい」の人たちが「兜」の人のなかに、自分たちにはない純粋さや、ある種の気高さを認めたりするようなこともあるかもしれない。

　いずれにせよ、「たらい兜」のコミュニケーションは一定程度のディスコミュニケーションを含んで成り立っており、しかもそれが当然のこととして許容されている。つまり、前記の「コミュニケーションの神話」から自由なのである。

ディスコミュニケーションの働き

もともと人間のコミュニケーションにディスコミュニケーションはつきものである。かつてゲオルク・ジンメルは、他人を完全に理解するためにはその人と同じ人格を持つことが必要であるが、そんなことは不可能だと述べたことがある。コミュニケーションについても同じことで、人間が個別的な存在であるかぎり「完全なコミュニケーション」はほんらい不可能なのである。その意味でディスコミュニケーションは不可避であるが、鶴見も言うように、「ディスコミュニケーションは、決して、いつも悪いもの」ではない。それはしばしば「思索の飛躍」を助け、科学や芸術に新しい成果をもたらす。

そういうめざましい働きだけではない。私たちの日常的なコミュニケーションにおいても、そこにつきまとうずれやすれ違い、誤解や曲解、トンチンカンなど、さまざまなディスコミュニケーションこそが、むしろ人間のコミュニケーションの豊かさ、ふくらみ、楽しさなどをつくりだしているのではないか。社会学的なコミュニケーション論のなかでも、G・ジンメル、E・ゴフマン、G・ベイトソンらの議論には、それぞれに視角は違っても、そういう論点が含まれている（例えば、「秘密」「社交」「コケトリー」などをめぐるジンメルの議論、ゴフマンの「印象操作」論や「困惑」論、あるいは「メタコミュニケーション」や「ダブルバインド」に関するベイトソンの議論など）。

そして、ディスコミュニケーションの多様な具体例が知りたければ、『ドン・キホーテ』などはその宝庫である。この小説の特質は「対話」にこそあるとも言われるように、ここではドン・キホーテとサンチョ・パンサだけでなく、多くの登場人物がそれぞれに多弁で、さまざまな興味深いやりとりをくりひろげるのだが、そのやりとりには実に多様な形態のディスコミュニケーションが含まれ、それらがユーモアやアイロニー、あるいは哀感や共感を生み出すとともに、また他面では人物たちそれぞれの個性を際立たせる役割をも果たしている。こうして、全体としてこの小説は「そこに登場するすべての男と女が……自分らしくあり、各自が自分なりのやり方でおのれの日常を営むことに対する寛大な理解」を感じさせるのである（Madariaga 1961＝一九九二）。

しかし、ディスコミュニケーションのこうした働きにもかかわらず、一方ではディスコミュニケーションを嫌い、否定する風潮も根強い。とくに職業生活の局面、あるいはそれを見越した社会化（事前教育）の局面などでは、近年ますますその傾向が強化されている。「会話力」「対話力」「会話術」などを謳った本が次々と出版され、一種のブームになっていると言われるのも、その一つのあらわれだろう。対人関係の円滑化だけに特化された「コミュニケーション力」の強調は、今や社会的強迫観念に近づいているようにも思われる。

実際、自分はコミュニケーション力が低い、コミュニケーションが下手だ、といった悩みを訴える学生なども少なくないのだが、客観的に見ると、コミュニケーションの能力が低いというより、コミユニケーションのなかで生じるディスコミュニケーションに対して敏感であるにすぎない場合が多い。そういう感受性のゆえに、かえって対応がうまくいかないのだ。だいたい、自分はコミュニケーションが上手だ、得意だ、などと思っている人のほうがどこかおかしいのではないだろうか。

昔の若者のように、コミュニケーションがうまくいかないことを「若者の特権」とか「個性のしるし」などとして誇る必要はないが、かといって今のように、それをひたすら嫌い、恐れるのもどうかと思う。あらゆる人間がみずからのうちに「奥深い個性の要点」（ジンメル）をもつのであれば、ディスコミュニケーションは不可避であり、むしろ常態なのだから。

文献

Bateson, G., 1972, *Steps to an Ecology of Mind*, Ballantine Books.（＝二〇〇〇、佐藤良明訳『精神の生態学』新思索社、改訂第二版）。

Goffman, E., 1959, *The Presentation of Self in Everyday Life*, Doubleday.（＝一九七四、石黒毅訳『行為と演技――日常生活における自己呈示』誠信書房）。

――――, 1967, *Interaction Ritual*, Doubleday.（＝二〇〇二、浅野敏夫訳『儀礼としての相互作用』法政大学出版局）。

Habermas, J., 1981, *Theorie des kommunikativen Handelns*, 2 Bde., Suhrkamp.（＝一九八五～八七、河上倫逸ほか訳『コミュニケイション的行為の理論』上中下、未來社）。

平澤是曠、一九九八、『哲学者 菅季治』すずさわ書店。

菅季治、一九五〇、『語られざる真実——菅季治遺稿』筑摩書房／復刻版、一九九二、日本図書センター。

Madariaga, S. de, 〔1935〕1961, *Don Quixote: An Introductory Essay in Psychology*, Oxford University Press.（＝一九九二、牛島信明訳『ドン・キホーテの心理学』晶文社）。

McLuhan, M., 1962, *The Gutenberg Galaxy*, University of Toronto Press.（＝一九八六、森常治訳『グーテンベルクの銀河系』みすず書房）。

Mead, G. H., 1934, *Mind, Self and Society*, University of Chicago Press.（＝一九七三、稲葉三千男ほか訳『精神・自我・社会』青木書店）。

奥村隆、一九九八、『他者といる技法』日本評論社。

Ong, W. J., 1982, *Orality and Literacy*, Mathuen.（＝一九九一、桜井直文ほか訳『声の文化と文字の文化』藤原書店）。

佐野洋子、〔二〇〇八〕二〇一〇、『シズコさん』新潮文庫。

Simmel, G., 1908, *Soziologie*, Duncker & Humblot.（＝一九九四、居安正訳『社会学』上下、白水社）。

———, 1917, *Grundfragen der Soziologie*, Walter de Gruyter.（＝一九七九、清水幾太郎訳『社会学の根本問題』岩波文庫）。

———, 1919, *Philosophische Kultur*, Alfred Kröner.（＝一九七六、円子修平・大久保健治訳『文化の哲学』ジンメル著作集7、白水社）。

田村重見（編著）・石塚為雄（校閲）、一九八七、『友　その生と死の証し——哲学者　菅季治の生涯』カガワ印刷。

鶴見俊輔、〔一九五二〕一九九一、「二人の哲学者——デューイの場合と菅季治の場合」『先行者たち』鶴見俊輔集2、筑摩書房（鶴見『折衷主義の立場』筑摩書房、一九六一／同『不定形の思想』文藝春秋、一九六

八、にも収録されている)。

付　記

プラトンからの引用は、『テアイテトス』については田中美知太郎訳(岩波文庫)、『パイドロス』『プロタゴラス』『ゴルギアス』については藤沢令夫訳(岩波文庫および中公クラシックス)に依る。また『ドン・キホーテ』からの引用は牛島信明訳(岩波文庫)に依る。

感情と社会

1　感情の社会性

悲しみよ　こんにちは

ものうさと甘さとが胸から離れないこの見知らぬ感情に、悲しみという重々しくも美しい名前をつけるのを、わたしはためらう。その感情はあまりに完全、あまりにエゴイスティックで、恥じたくなるほどだが、悲しみというのは、わたしには敬うべきものに思われるからだ。悲しみ——それを、わたしは身にしみて感じたことがなかった。ものうさ、後悔、ごくたまに良心の呵《か》責《しゃく》。感じていたのはそんなものだけ。でも今は、なにかが絹のようになめらかに、まとわりつくように、わたしを覆《おお》う。そうしてわたしを、人々から引き離す。

これは、一九五〇年代の後半に世界的なベストセラーとなったフランソワーズ・サガンの小説『悲しみよ こんにちは』の書き出しである(河野万里子訳)。主人公は一七歳の少女セシル。小説は彼女の一人称で書かれている。この作品を書いたとき、著者のサガンは一八歳であった。

セシルは母親を亡くしたあと、父親と二人で気ままに暮らしている。しかし、若い恋人たちと遊び歩いていた父親が、亡き母の友人であったアンヌと恋愛し、再婚することになって、セシルの心は揺れ動く。理知的でエレガントな大人の女性アンヌへの憧れの気持と、大好きな父親を奪われるような不安、嫉妬、さらには気ままな生活をいましめるアンヌの忠告への反発。そうした心理的動揺のなかでセシルは策略をめぐらして父とアンヌの関係を妨害し、結果的にアンヌを死に追いやってしまう。そしてセシルは、これまで経験したことのない感情にとらえられることになる。その感情にセシルは「悲しみ」という名前を与え、そのことによってこの「見知らぬ感情」といわば知りあい、折りあいをつけていく。

感情の社会的構成

感情は人間の生理的・身体的過程と結びついており、そのため自然的・普遍的な現象とみなされがちであるが、実際には社会的・文化的な要因とも密接に関連している。例えば、比較的単純な快・不快や恐怖の感情などについても、その実態は文化や社会によってずいぶん違うことが知られている。もっと複雑な感情となればなおさらであり、その感覚を当人が(社会・文化的要因の介入を受けながら)

どう認知し、どう意味づけるかによって、それがどのように経験され、どのように作用するかもさまざまに変化する。セシルがしたように名前を与えることは、この認知・意味づけの重要な方法の一つである。

喜び、悲しみ、愛、憎しみ、怒り、恐れ、憧れ、嫉妬、羨望、悔恨などなど、感情にはたくさんの名称がある。大きな英語の辞書には四〇〇以上の感情名称が載っているという。英語文化圏の人びとは、これらの名称を用いて、感情を認知したり、意味づけたりしている。類似の感情間の微妙なニュアンスの違いなども、名称の使い分けによって識別可能になる。また、H・ギアーツが示したように、それぞれの文化に特有の「感情の用語集《レキシコン》」は、子どもの社会化の過程においても重要な役割を果たす。つまり、子どもたちに感情の種類や感じ方を教え、感情に関する文化的変異《バリエーション》を再生産していくのである（Geertz 1959）。

社会的に蓄積されてきた感情名称にはまた、例えば愛と憎しみ、憧憬と嫉妬などに見られるように、しばしば暗黙の社会的評価が付随しており、そのことが感情の理解や意味づけに大きな役割を果たす。セシルが「悲しみ」（tristesse）という名称の適用をためらったのは、それが「重々しくも美しい名前」であり、その名に値する感情は「敬うべきものに思われる」からであった。おそらく、「悲しみ」のかわりに例えば「悔恨」という名をつけることもできただろう。しかし、もしセシルがそうしていたら、彼女の物語はもっと陳腐なものになり、ベストセラーにはならなかったかもしれない。感情をめぐるボキャブラリーは、感情の分類や識別に役立つだけではない。むしろ、それらのボキャブラリーによって私たちの感情経験そのものが形づくられるという側面が重要である。

感情管理と感情規則

言語を通しての感情の社会・文化的構成ということも含めて「感情の社会性」に着目することによって、感情社会学と呼ばれる分野が成立する（この分野を見渡すためには、例えば崎山 二〇〇五、など）。この分野はとくに一九七〇年代以降に発展するが、その代表的な研究者の一人、A・R・ホックシールドは、E・ゴフマンの「印象管理」（impression management＝「印象操作」とも訳される）の概念に示唆を得て、「感情管理」という現象に注目した（Hochschild 1983＝二〇〇〇）。

私たちはさまざまな社会的場面で、自分の感情を管理しなければならない。たとえ仇敵の葬式であっても、そこで喜びをおおっぴらに示すわけにはいかない。たとえ昨日までの恋人の結婚式であっても、そこで怒りや嫉妬の感情を爆発させてはまずいだろう。どんな社会的場面にも、それにふさわしいとされる感情の状態があり、私たちはどのような感情をどのように表現すべきか、あるいは隠蔽すべきかなどに関して、感情の操作や統制を求められている。ということは、こうした「感情管理」の背後には、それを要請する社会的なルールがあるということでもあろう。ホックシールドはこれを「感情規則」（feeling rules）と呼んだ。

感情規則は明文化されているわけでもなく、ほとんど意識されていないことも多いのだが、これに違反すると、他人を傷つけたり、その場の雰囲気や秩序をこわしてしまう結果になる。それが度重なると、その人は「変人」あるいは「つきあいにくい人」などとされ、敬遠される。そしてさらに程度がひどくなると、「病気」とみなされて、通常の社会的場面から隔離されてしまうことにもなりかねない。逆に言えば、支配的な感情規則への同調を通じて、社会の既成秩序や力関係が維持されていくということでもある。

感情規則の具体的な内容や働き方は文化や社会によって違うだけでなく、階層、世代、ジェンダーなどの要因によってもさまざまに分化している。それはまた歴史的にも変化する。例えばN・エリアスは、ヨーロッパの歴史のなかで、強い怒りや激情の公然たる表現がしだいに抑制され、非難されるようになってきたことを、礼儀作法書の分析などを通して明らかにし、それは社会が暴力的なものを排除していく「文明化」の重要な側面であると論じた。しかも、その感情統制の過程は、外側からの強制というよりは、時とともにむしろ内的な「自己抑制」によって実現されるようになっていく(Elias 1939 = 一九七七~七八)。

こうした変化は、とうぜん、快・不快、羞恥、後悔などをめぐる人びとの感情生活をも変化させる。例えば私たちは、社会的場面で誰かが激しい感情を爆発させているのを見て、たとえ自分が当事者でなくても、不快を感じたり、いたたまれないような感覚を抱いたりすることがある。それは「文明化」の進んだ現代社会の感情規則に基づく反応である。ただし、スポーツの世界など、いくぶん例外的な領域もあり、そこではサポーターの熱狂、鬼コーチの罵声などもさしたる違和感なく受け入れられる。

感情労働

激烈な感情の表出を好まない感情規則の浸透は、対人的な摩擦を避け、人当たりのよさを重視する社会的傾向とも結びついている。C・W・ミルズはこの傾向を資本主義の発展と関連づけて論じた。経済が手工業的な段階から大量生産・大量消費の段階に移り、セールスやサービス業の比重が重くなってくるにつれて、物を扱う能力よりも人を扱う能力、つまり「感じのよいパーソナリティ」が高い商品価値をもつようになり、現代人は「パーソナリティの市場」に組み込まれていくというのである(Mills 1951＝一九五七)。

こうしたミルズの考えなども参照しながら、ホックシールドは、仕事の場における感情の管理に目を向け、これを「感情労働」と呼んだ。例えばセールスやサービス関係の仕事、とりわけ接客の仕事では、「お客様にはいつも笑顔で接し、決して不快感を与えないように」といった要請が課され、それにふさわしい表情や身体的表現をつくりだすための感情管理が要求される。雇う側も、細かい就業規則を定めたり、研修を実施したりして、感情管理の水準を維持しようとする。こうした現代の感情労働のあり方を、ホックシールドは航空会社の客室乗務員訓練センターの取材などを通して分析し、「感情の商品化」の進展を明らかにするとともに、感情労働がとりわけ女性によって担われるジェンダー・バイアスの問題をも検討した。

感情管理や感情労働は多かれ少なかれ演技をともなうが、ホックシールドによると、演技の仕方には「表層演技」と「深層演技」との二種類がある。前者はごく普通の意味での演技、つまり悲しくもないのに悲しいふりをして、そう見せようとするといった演技である。後者は、かつてモスクワ芸術座の演出・演技指導で知られたスタニスラフスキー（一八六三〜一九三八）が主張したような演技法、つまり悲しい場面であれば、過去の記憶やイマジネーションによって自分のなかに悲しみの感情を呼びおこし、それを利用するといったものである。この場合、演技はそれなりに感情の裏づけをもつことになる。だから、客室乗務員訓練センターなどでは、どちらかといえば「深層演技」のトレーニングが重視される。なお、これには、例えば失礼な客に対してとうぜん感じるはずの怒りを感じないようにする訓練なども含まれている。

感情労働のコスト

ホックシールドの研究をモデルに、P・スミスや武井麻子らによって、看護婦（現在は看護師）の感情労働、ひいては人をケアする仕事における感情管理の問題が検討された（Smith 1992＝二〇〇〇、武井 二〇〇一）。武井によれば、「白衣の天使」として多くの感情規則に従いながら、ときには扱いにくい患者に多忙のなかで対応しなければならない看護婦は、自分自身しばしば感情的な問題を抱え込むことにもなり、演技する自分と「本当の自分」との分裂に悩んだり、喫煙、飲酒、買い物、セックス、ギャンブルなどへの嗜癖に陥ったり、さらには仕事への関心や意欲を喪失して「燃え尽き」てしまうこともある。

燃え尽き症候群《バーンアウト・シンドローム》の問題を詳しく論じたC・マスラッチも、バーンアウトは感情的消耗状態と密接に関連しており、仕事としてであれ個人としてであれ、人をケアすることに深くかかわっている場合に生じやすいとしている（Maslach 1982）。ホックシールドも、「感情労働のコスト」として、感情労働者が熱意をもって仕事に専念しすぎるとバーンアウトしてしまう危険性があることを指摘している。逆に、職務と自分自身とを切り離して考えている人たちは、バーンアウトはしにくいが、いつも演技をしている自分は不誠実だという自己嫌悪、自責感、罪悪感などにとらえられやすい。

2　感情のコミュニケーション

誠意と演技

私たちが日常的に経験する感情の多くは対人的な相互作用のなかで生まれ、そこでやりとりされる。その過程やそこで作用する具体的な個別感情（羨望・嫉妬・羞恥など）の分析も興味深いが（例えば高橋一九九六：第二部、など）、ここではむしろ、感情を他者にどう伝えるかというコミュニケーションの側面に焦点を合わせて考えてみたい。

ホックシールドは、「私が感じること」と「私が感じるべきこと」との「切実なずれ」に注目し、そのずれの解消のために演技が必要になるとしたが、コミュニケーションという観点からすると、「私が感じるべきこと」を感じたとき、それをどう他者に伝えるかということも問題になる。私たちは、悲しむべき場面で悲しく感じ、喜ぶべき場面でうれしく感じるというように、「感じるべきこと」

を実際に感じていることも多いのだが、そのことを他者に示し、伝えようとすると、案外うまくいかないことがある。例えば、悲嘆や歓喜の感情があふれでて、はた目にはかえってうそっぽく見えてしまうこともあるし、あるいは逆に呆然自失して無感動に見えてしまうこともある。

さらに、特定の他者に愛情や誠意を伝えようとする場合などは、いっそうむずかしい。親子や夫婦、あるいは恋人同士の間での感情の行き違いはよく見られることだ。また、ケア・ワーカーやカウンセラーが自分の誠意をクライアントにうまく伝えられないこともある。当然のことだが、誠意があるということと、それが相手に伝わるということは別の事柄である。そのため、自分の誠意を正しく相手に伝えようとする人が、心にもない誠意を売りものにするセールスマンと同じ種類のコミュニケーション上の工夫や修辞に頼らざるをえないこともある。このとき、その人はいわば「真の感情」を演じていることになる。演じているかぎりにおいて、それはたしかに「演技」なのだが、ホックシールドのいう「表層演技」とはもちろん、「深層演技」とも少し違う。このとき私たちは、ほんとうの自分（少なくともそう感じられるもの）を伝えるために、人を欺く場合と同じ方法（あるいは形式）を用いざるをえないことがあるというコミュニケーションの逆説、そしてそれゆえ自分を偽るように感じざるをえないことがあるという逆説に直面しているのである。

漏洩表現

自分の感情を正確に相手に伝えようとすると意外にむずかしい反面、伝える意図がないのに、あるいはむしろ伝えたくないと思っているのに、こちらの感情が相手に伝わってしまうということも多い。「感情管理」といっても、自分の感情を完全に統制したり管理したりできる人はいない。むしろ、そうであるからこそ「感情管理」が求められるのである。しかし、誰もが経験するように、感情はときに私たちの統制や管理を離れ、微妙な表情の変化や身体的表示となってあらわれ、コミュニケーション過程のなかで、ゴフマンの言う「漏洩表現」(expressions given off) として働く。

ゴフマンは、私たちのコミュニケーション過程において、意図的に発信されたメッセージが、思わず漏洩された(と考えられる)情報によって絶えずチェックされることに注目した。例えば誰かがうそをついたようなとき、その人のちょっとした表情の変化や手の震えなどの「漏洩表現」によって、そのメッセージがうそだとわかることがある。同様に私たちは、些細な漏洩表現から、賞賛のメッセージが単なるお世辞にすぎないこと、忠告のメッセージのなかに嫉妬が隠されていること、謙遜のメッセージのなかに自負がひそんでいること、などに気づくこともある。

もっとも、メッセージを発信する側も、それが漏洩表現によってチェックされることを知っているから、できるだけ発信メッセージと矛盾するような情報は漏洩しないように気をつけるし、さらには、いかにも何気ない漏洩をよそおって、発信メッセージを補強するような表現をしてみせるといった芸当(ゴフマンの言う「計算された何気なさ」)などもあるので、私たちのコミュニケーション過程はなかなか単純ではない。

語られる感情

感情の表出が漏洩情報となる場合、通常は非言語的コミュニケーションの形をとる。しかしもちろん、私たちは言語によって感情を表現することも多い。日常的なコミュニケーション場面でも、私たちはしばしば感情を話題にし、感情について語っている。

この「感情について語る」ということ、とくに自分が経験した感情的エピソードを他者に語るということに関しては、B・リメ、J・W・ペネベーカー、余語真夫らによって社会心理学的な調査研究が行なわれてきた。例えば、調査対象者に過去一年間に経験した喜び・悲しみ・怒り・不安・羞恥などの感情的エピソードを思い出してもらい、それを誰かに話したかどうか、話したとしたら、いつごろ誰に話したか、といったことを尋ねる。すると、たいていの人が、その出来事の後あまり間をおかずに友人、家族、配偶者などに話したと答える。一般に、経験された感情的エピソードの九〇%以上が語られるという。調査は、アメリカ、フランス、日本、シンガポールなどで行なわれているが、感情が語られ、社会的に共有されること自体については大きな文化差は見られない。なお、語られる割合を感情の種類別にみると、日本の大学生の場合、幸福感（喜び）と恐怖は九五%超、不安、愛情、悲しみ、嫌悪が九〇%前後で、怒りと罪悪感が八〇%前後、羞恥が七〇%超であるという（Yogo and Onoue 1998）。

では、なぜ私たちはこれほど頻繁に感情を話題にするのか。感情を他者に語ることにどういう意味があるのか。

ペネベーカーは、深い感情的な体験、とりわけ心を乱すような、そして心の傷（トラウマ）となって残るような感情体験について語ったり書いたりすることには「癒しの効果」（healing power）があり、心身の健康にとって有益であるという点を強調した（Pennebaker 1997＝二〇〇〇）。いわば臨床心理学的な発想である。もちろんしかし、観点を少し変えて、個人的というよりはむしろ社会的な効果に重点を置いて考えることもできる。

エモーション・トーク

かつてC・W・ミルズは、私たちの日常的コミュニケーションにおいて「動機」への言及がしばしば行なわれることに注目した。

AがBと結婚したのは愛のためなのか、それとも金のためなのか。動機は行為の意味を説明する。私たちは動機に言及することによって、その行為を説明し、理解しようとしている。この観点からミルズは、動機を「ある行為の原動力となる内的状態」と考える常識的な見方に対して、むしろ自己および他者の行為を説明するための「類型的な語彙（ボキャブラリー）」としてとらえる見方を示し、それらのボキャブラリーを適切に用いて行なわれる動機への言及がしばしば私たちの相互作用の秩序を支えると論じた（Mills 1940＝一九七一）。

とりわけ、意味不明の行為や通常の相互作用秩序を混乱させるような行為が生じた場合、どのような「動機のボキャブラリー」によってその行為を説明するかは重要である。その行為は、何かの勘違いによるのか、ついカッとしてのことなのか、何か特別の事情があったのか、それとも悪意に基づくものなのか……。もしその行為の主体が自分であれば、私たちは動機を表明して、その行為の意味を明らかにすることを期待されるだろう。そして、そのような場合の動機表明は単なる「説明」というより「釈明」「言い訳」の性質をおびることになるので、私たちは「真の動機」の率直な表明を控えて、言い訳として通りのよい別の動機を表明することも少なくない。しかし、そこで選択されたボキャブラリーが適切で、まわりの人たちに妥当な「釈明」として受け入れられれば、さしあたりその場の相互作用秩序は回復される。

ミルズの発想を出発点として進められてきたモーティブ・トーク（日常的コミュニケーションにおける動機への言及）に関する研究を参照するなら、感情について語ること（いわばエモーション・トーク）はかなりの程度までモーティブ・トークと重なっていると言える。感情はしばしば行為の動機とみなされ、そのように語られるからである。このとき、エモーション・トークはモーティブ・トークの一種として、自己および他者の行為を説明あるいは釈明する機能を果たし、ひいては社会的相互作用の秩序を維持または回復する働きを担う（例えば「ついカッとしてしまって済みません」などという言明）。

とはいえ、エモーション・トークはモーティブ・トークに全面的に解消されてしまうわけではない。ペネベーカーの言う癒しの効果も軽視できないし、また誰もが経験するように、感情的体験を打ち明けることはしばしば信頼感や親近感をつくりだし、親密な人間関係を形成する作用をもつ。このことは、とくに若い人たちのコミュニケーションと対人関係において重要な意味をもっている。もっとも、場合によっては、かえって相手に心理的負担を与えたり、相手を傷つけてしまったり、あるいは弱みを握られるような結果になったりと、感情を打ち明けることにはそれなりのリスクもあるのだけれど。

なお、感情体験を語ることに関しては、自分のなかに確定的な感情がまずあって、それについて語るというより、むしろ語ることのなかでその体験（感情）の性質や意味が形をなし、はっきりしてくることが多いという点にも留意すべきであろう。エモーション・トークには、そういう働きもある。

3　社会の感情的構成

宗教感情と社会

感情の社会学的研究は、感情の社会的構成に着目すると同時に、他方では社会の感情的構成にも目を向ける。この後者の側面は、いわゆる感情社会学が登場するずっと前から、すでに創成期の社会学者たちによって言及されている。

たとえばE・デュルケムは、功利主義的あるいは合理主義的な社会観（とりわけ社会契約説）に反対して、人びとが個人意識を超えて自分たちは集合的なまとまりをなしていると感じる「連帯感情」「社会感情」こそが社会の基盤であると主張した。社会契約説が強調する「契約」も、この感情がなければ守られないだろう（Durkheim 1893＝二〇一七）。さらに彼は、この感情の中核は一種の宗教感情であると言う。つまり、聖なる対象に対する畏敬と依存の感情である。聖なる対象は、具体的にはさまざまな形をとるが、結局のところ個人を超えた社会あるいは集団の力を象徴していると考えることができる。この意味で「神は社会の象徴的表現」なのである（Durkheim 1912＝一九七五）。

デュルケムによれば、社会は道徳的共同体であり、その道徳は集合的な宗教感情によって守られている。この感情に基づいて人びとは「それなくしては社会生活が不可能となるさまざまの抑制、断念、犠牲」を道徳的に正しいこととして受け入れ、またこの感情を傷つける行為を「犯罪」とみなす。だから、犯罪に対しては被害者や直接の関係者だけが反応するわけではない。無辜の子どもがむごたらしく殺されたりすれば、誰もが大切に思っている「聖なる」価値が冒されたのであるから、「それを知った者すべてが同じように怒りの念にかられ」、犯人の処罰によって社会全体の「感情の被害」が償われることを求めるのだ。

こうしてデュルケムは、宗教感情が社会を源泉とし、同時に社会を支えもすることを示し、いわば「宗教現象としての社会」について論じた。さらに彼は、祭儀などにおいてみられる感情の解放・熱狂と、それにともなう一体感の形成や宗教感情の活性化に注目し、これを「集合沸騰」と呼んだ。多くの祭りなどにみられるように集合沸騰があらかじめそこに組み込まれ制度化されている場合には、それは既成秩序の再活性化の機能を果たすが、社会的危機の状況などにおいて集合沸騰が生じると、それは新しい社会秩序の形成につながることもある。

社会変動と感情

デュルケムとともに社会学の創設者の一人とされるM・ヴェーバーが注目した「カリスマ的指導者」も、集合沸騰のような状況から出現することが多い。そしてカリスマに従う人びとは、理性的判断や利害打算を超えて、神への信仰にも似た「帰依」の感情に動かされる。それゆえ、カリスマ的指導者とその服従者たちが形成する集団は、何よりもまず「感情的共同体」なのである。ヴェーバーは、この感情共同体がしばしば日常的な既成秩序を批判し突破する「革命的な力」として作用することを強調した（Weber 1922＝二〇一二）。

ヴェーバーはまた、『プロテスタンティズムの倫理と資本主義の精神』において、神の絶対性と人間の無力性を強調するプロテスタンティズムの教え（とくにカルヴァンの予定説）が、信者たちに「かつてない内面的孤独化の感情」と救済への不安をもたらし、それが彼らを「世俗内的禁欲」へと動機づけ、結果として資本主義の発展に結びついたという議論を展開したが、ここでも彼は社会変動を導く感情の働きに注目していると言える。

このヴェーバーの観点を受け継ぎ、ナチズムの分析に活用したのがE・フロムの『自由からの逃走』である。フロムによれば、第一次大戦後のワイマール共和制によって与えられた自由が、当時のドイツの民衆、とくに「小さな商店主、職人、ホワイトカラー労働者などから成る下層中産階級」の人びとに、解放感よりもむしろ「無力、懐疑、孤独、不安の感情」を生みだし、それがナチズム支持の基盤となった。それはむろんナチズムの「原因」ではなかったが、「それなしにはナチズムは発展することができなかった」であろう。ここでも、ナチズムの発展という大きな社会変動に結びつく感情的要因の重要性が指摘されている。

ほかにも大都市生活者の感情的特徴についてのG・ジンメルの分析、ルサンチマン（怨恨）の社会的作用についてのM・シェーラーの考察など、興味深い議論は少なくないのだが、デュルケムやヴェーバーも含めて当時の論者たちは、社会学の研究対象として感情を正当に位置づけ、主題化したわけではなかった。その意味では、感情社会学は新しい分野であり、まだ多くの開拓の余地を残している。

感情管理社会

現代の「感情管理社会」では「管理されない感情」への憧憬が強まり、「自然な感情」や「本来的な感情」に「触れる」ことの重要性を説く心理療法の大衆化が見られる（石川 二〇〇〇）。一方、感情管理の徹底のもとでの感情の抑圧が、例えば「キレる」といった形での感情の暴発を招くのだという考え方も広まり、その種のケースもセラピーの対象とされる。

心理療法を中心とするセラピー文化の広がりに対して、感情社会学は一般に懐疑的である。たしかに、例えばフェミニスト・セラピーが女性の怒りの感情やその表現に正当性を与え、「女らしさ」を求める支配的な感情規則に修正を迫ったこと（Rosewater and Walker 1985＝一九九四）などは評価できるとしても、多くの心理療法は結局のところ、支配的な感情規則からの逸脱者をそこへ引き戻す機能を果たすにすぎないのではないか。

もちろん、現代の支配的な感情規則（そして、それに基づく感情管理や感情労働）を単に抑圧や疎外の側面だけでとらえるのは適切ではないだろう。他者のプライドや自尊感情を傷つけないように、あるいは少なくとも不快感を与えないように、自己の言動を慎重に抑制するという「文明化」された感情規則によって、多様な人びとの間に広範な対人関係のネットワークが形成されうるようになったことは、社会の近代化にとっても、またそこに生きる個人にとっても、大きな意味をもっていた。しかし同時にそれは、既成秩序の維持や商品化の論理にも適合するものであり、多くの人びとに漠然とした拘束感や一種の貧血感をもたらすことにもなった。「自然な感情」「本来的な感情」への憧れは、そういう社会心理に根ざしている。

感情の力

もっとも、「自然な感情」「本来的な感情」といった考え方そのものは、感情の社会的構成を強調し、感情を一種の社会制度としてとらえようとする感情社会学の観点にはなじまない。しかし、だからといって、感情の力を軽く見てよいというわけではない。感情の起源をどう考えるにせよ、私たちの思考や行為が感情的要因の影響を受け、ときにはそれに翻弄されるということは否定できないからである。感情の社会化も完全ではありえないし、また社会化の所産としての感情なら容易に統御できるというわけでもない。だからこそ「感情管理」が要求されるのであるが、これもまた万全とは言えない。こうして、皮肉屋のラ・ロシュフコー流に言うなら、「知《エスプリ》は情《クール》にいつもしてやられる」のであり、

「もしわれわれが情念を抑えることができるとすれば、それはわれわれの強さよりもむしろ情念の弱さによって」なのである（『箴言』一〇二、一二二、二宮フサ訳）。

誰にとっても、感情とどうつきあうかということはなかなか厄介な問題である。感情とうまくつきあうということは、単に社会的場面での感情表現をうまくコントロールするということではない。むしろ、感情の豊かさや複雑さを通して、またしばしば測りがたく統御しがたい感情の動きを通して、生きることを味わい、人生を活性化しながら、しかも感情の力に支配されないということであろう。誰もが成長の過程で、というよりは生涯にわたって、それぞれに自分なりの感情とのつきあい方を身につけていかねばならないのだが、そのための王道はない。他者とのコミュニケーションのなかで自己および他者の感情に向き合いながら、あるいはまた文学や芸術の世界での象徴的経験を経由しながら、さまざまな感情を理解し、その扱い方を学んでいく以外に方法はない。ときには、感情に流され、翻弄されるような経験も役に立つかもしれない。もちろんリスクはともなうが、リスクなしに大切なことは学べない。実際、愛であれ嫉妬であれ怒りであれ、あるいは恐れや嫌悪であれ、自分がその感情にとらえられ、翻弄されてみて初めてわかることもある。そのような経験はまた、既成の支配的な感情規則への疑問や異質な感情規則への寛容に結びつくことがありうるという点でも、一概に否定すべきものではないと言えよう。

文献

Durkheim, E., 1893, *De la division du travail social*, Felix Alcan.（＝二〇一七、田原音和訳『社会分業論』ちくま学芸文庫）。
———, 1912, *Les formes élémentaires de la vie religieuse*, Presses Universitaires de France.（＝一九七五、古野清人訳『宗教生活の原初形態』上下、岩波文庫／＝二〇一四、山崎亮訳『宗教生活の基本形態』上下、ちくま学芸文庫）。
Elias, N., 1939, *Uber den Prozeß der Zivilisation*, 2 Bde., Francke Verlag.（＝一九七七〜七八、赤井慧爾・波田節夫ほか訳『文明化の過程』上下、法政大学出版局）。
Fromm, E., 1941, *Escape from Freedom*, Farrar & Rinehart.（＝一九五一、日高六郎訳『自由からの逃走』東京創元社）。
Geertz, H., 1959, "The Vocabulary of Emotion: A Study of Javanese Socialization Processes," *Psychiatry*, 22(2).
Goffman, E., 1959, *The Presentation of Self in Everyday Life*, Doubleday.（＝一九七四、石黒毅訳『行為と演技』誠信書房）。
Hochschild, A., 1983, *The Managed Heart: Commercialization of Human Feeling*, University of California Press.（＝二〇〇〇、石川准・室伏亜希訳『管理される心』世界思想社）。
井上俊、〔一九八六〕二〇一一、「動機の語彙」「ルサンチマンと道徳」作田啓一・井上俊編『命題コレクション社会学』ちくま学芸文庫。
石川准、二〇〇〇、「感情管理社会の感情言説」『思想』九〇七、岩波書店。
Maslach, C., 1982, *Burnout: The Cost of Caring*, Prentice-Hall.
Mills, C. W., 1940, "Situated Actions and Vocabularies of Motive", *American Sociological Review*, 5.（＝一九七一、

田中義久訳「状況化された行為と動機の語彙」本間康平・青井和夫監訳『権力・政治・民衆』みすず書房)。
———, 1951, *White Collar: The American Middle Class*, Oxford University Press.（＝一九五七、杉政孝訳『ホワイト・カラー』東京創元新社)。
岡原正幸・山田昌弘・安川一・石川准、一九九七、『感情の社会学——エモーション・コンシャスな時代』世界思想社。
Pennebaker, J.W., 1997, *Opening Up: The Healing Power of Expressing Emotions*, The Guilford Press.（＝二〇〇〇、余語真夫監訳『オープニングアップ』北大路書房)。
——— et al., 2001, "Disclosing and Sharing Emotion: Psychological, Social, and Health Consequences," in M.S. Stroebe et al. eds., *Handbook of Bereavement Research*, American Psychological Association.
Rimé, B. et al., 1998, "Social Sharing of Emotion: New Evidence and New Questions," *European Review of Social Psychology*, 9.
Rosewater, L.B. and L.E.A. Walker, eds., 1985, *A Handbook of Feminist Therapy*, Springer.（＝一九九四、河野貴代美・井上摩耶子訳『フェミニスト心理療法ハンドブック』ブレーン出版)。
Sagan, F., 1954, *Bonjour tristesse*, Editions Julliard.（＝二〇〇九、河野万里子訳『悲しみよ こんにちは』新潮文庫)。
崎山治男、二〇〇五、『「心の時代」と自己——感情社会学の視座』勁草書房。
Scheler, M., 1915, "Das Ressentiment im Aufbau der Moralen."（＝一九七三、田中清助訳「道徳形成におけるルサンチマン」『知識社会学』青木書店)。
Simmel, G., 1903, "Die Grosstadte und das Geistesleben."（＝一九九九、川村二郎編訳「大都会と精神生活」『ジンメル・エッセイ集』平凡社ライブラリー)。

Smith, P., 1992, *The Emotional Labour of Nursing*, Macmillan.（＝二〇〇〇、武井麻子・前田泰樹監訳『感情労働としての看護』ゆみる出版）。

高橋由典、一九九六、『感情と行為』新曜社。

武井麻子、二〇〇一、『感情と看護』医学書院。

Weber, M., 1905, *Die protestantische Ethik und der 〉Geist〈 des Kapitalismus.*（＝一九八八、大塚久雄訳『プロテスタンティズムの倫理と資本主義の精神』岩波文庫）。

――――, 1922, "Typen der Herrschaft," *Wirtschaft und Gesellschaft.*（＝二〇一二、濱嶋朗訳『権力と支配』講談社学術文庫）。

Yogo, M. and K. Onoue, 1998, "Social Sharing of Emotion in a Japanese Sample," in A. Fischer, ed., *Proceedings of the Xth Conference of the International Society for Research on Emotions*, ISRE Publications.

物語としての人生

1　語り手と聴き手

日本人のライフコース、とくに中年期における「成熟」の問題を扱ったD・W・プラースの『日本人の生き方──現代における成熟のドラマ』のなかに、「ディスコースとしての成熟」という一節がある。ここでプラースは、「成熟」が身近な他者たちとの長期にわたるかかわりのなかで涵養されるものであること、またそのかかわりのなかでのコミュニケーションを通して確認され批准される「中核的な自己イメージ」の変容に関係するものであることを強調している。例えば、彼のインタビュー調査の対象となった中年期の人びとの一人、「ご寮はん」と呼ばれる女性は、若い頃は「甘やかされたわがままな娘」だった。しかし四三歳の今では、「平凡を絵に描いたような」夫と「とても仲のいい夫婦」になり、一〇代後半の二人の子どもの良き母親でもある。同居している夫の母親とも、近所の人たちから「実の母娘とまちがえられる」ほどの良好な関係をつくりあげている。また、学校時代からの幾人かの友だちともつきあいを保ち、ときどき会っておしゃべりを楽しむ機会をつくっている。お互い忙しくて、そう頻繁に会えなくても、友情が薄らいだりすることはない。「友だちはいつまでもそばにいてくれる」のだから、「電話をかけさえすればいい」のである。

このご寮はんの「成熟」について、つまり「甘やかされたわがままな娘」から妻、嫁、母などの役割を見事にこなしていく一家の主婦への変容について、プラースは次のように述べている。

少女時代のご寮はんは、実際には「甘やかされた娘」ではなかったかもしれない。この点に関して「客観的」な真相を検証するためには、厖大な調査が必要であろう。彼女と彼女の友人たちにとって重要なのは、少女時代の彼女についての「甘やかされた娘」という規定が、お互いの間の合意をあらわす慣用句として有益な働きをしているという点である。ご寮はんとその友人たちは、過去二十年にわたって彼女が成熟をとげてきたということに関して合意に達している。そして、この合意を表現する一つの方法が、彼女をかつては甘やかされた娘だったとみなすことなのである。

ご寮はんとその友人たちは、ご寮はんの成熟過程について一つの物語をつくり、それを共有している。この物語の主たるつくり手＝語り手は、もちろんご寮はんであるが、何せ昔から彼女を知っている友人たちを相手にするのだから、勝手に話をつくるわけにはいかないし、またそういう人たちを納得させるためには、いろいろとコミュニケーション上の工夫も必要になる。あるいは、友人たちの側から補足や修正の要求が出されることもあろう。そのようなわけで、成熟のディスコースの展開過程は、説得や取引を含むレトリカルな過程となり、また長期にわたる相互的な合意形成の過程ともなる。

もちろん、これは「成熟」に特有のことではない。青春には青春の、老いには老いのディスコースとレトリックがあり、それらが具体的に展開される相互作用の過程がある。実際、私たちはライフコースのほとんどあらゆる段階で、自分の人生についての物語を、かつての重大な出来事だけでなく、昨日今日のごく些細な出来事をも含めて、絶えず周囲の他者たちに語りかけている。聴き手は時と場合に応じてさまざまであるが、人生の物語の語り手にとって最も重要な意味をもつ聴き手は、一般的に言って、家族や恋人、友人や同僚などの親しい身近な他者たちである。このような他者たちをプラースは「道づれ」(convoys) と呼んだ。それは実質上、これまで一般に「重要な他者」(significant others) と呼ばれてきたものにほぼ等しい。「自分にとって重要な他者が自分の自己イメージを確認し批准してくれる、その程度に応じて、私たちは自分の存在に現実感をもつことができる」とP・ワツラウィックらも述べているように (Watzlawick et al. 1974)、私たちの自己意識や存在感を支えるうえでの「重要な他者」の重要性についてはすでに多くのことが言われてきたし、「第一次集団」や「パーソナル・コミュニティ」など、類似の概念も少なくはない。しかしプラースによれば、これらの概念はいずれも「持続と累積の要素」、つまり時間的＝歴史的次元を見逃しがちである。その点、「道づれ」という名称は、人生をともに旅していく人びととの持続的なかかわりや、そのかかわりのなかで生じる関係やコミュニケーションの累積を含意し、ライフコースの展開や人間関係の歴史に注意を促すという利点をもっている。

物語の語り手から見ると、「道づれ」は自分の物語の重要な登場人物であると同時に、重要な聴き手でもある。しかし、G・H・ミード以来の伝統に従って個人内コミュニケーションの過程を想定するなら、物語の聴き手のなかに、「道づれ」のような他者たちだけでなく、語り手自身をも含めて考える必要がある。そしてこのことは、自分の人生の物語を他者に語るとき、語り手自身がその物語をどの程度信じているかという問題にもかかわってくる。

自分について他者に語る物語を、私たちはどの程度信じているだろうか。おそらく、アーヴィング・ゴフマン流に言えば、一方の極には自分の語る物語を心から信じている「誠実なパフォーマー」があり、他方の極にはまったく信じていない「シニカルなパフォーマー」があるということになろう。前者は、語り手が内的コミュニケーションの過程において自分自身に向かって語る物語と、対人的・社会的コミュニケーションの過程で他者に向かって語る物語とが完全に一致しているケースとも言えるが、現実には、例外的にしか見られないだろう。私たちはみな、程度の差こそあれ、自己欺瞞の能力をそなえてはいるが、自分が当事者である出来事について完全に満足できる物語を自分自身に信じこませうるほどの自己欺瞞能力に恵まれた人は少ない。だが、そういう人でないと、「誠実なパフォーマー」にはなりにくい。一方、完全に「シニカルなパフォーマー」というのも、スパイや詐欺師の職業的活動など、特殊な場合を除いてはまれであろう。

したがって、私たちの日常的な相互作用のなかで語られる物語に関しては、自分にとって「真実」と思われる自分向けのバージョンと、他者向けに多少とも脚色されたバージョンとが、共通部分を含みながら分化しているというのがごく一般的な形であろう。そして他者向けのバージョンは、その他者が誰であるかによって、あるいは相互作用やコミュニケーションの状況によって、さらに多様に分化していき、少なくとも一時的には「誠実なパフォーマンス」や「シニカルなパフォーマンス」に近い状態も生じるかもしれない。これらさまざまのバージョンはもちろん相互に関連しており、またコミュニケーションの過程でしばしば相互に浸透しあう。自分の物語を他者に向かって語るとき、私たちは自分自身、自分が語る物語の聴き手ともなっており、その物語から何らかの影響を受けることが少なくないからである。ときには、他者向けのバージョンを、何度も話しているうちにいつの間にか信じこんでしまうこともある。他者を説得し誘導しようとするディスコースは、しばしば自分自身をも説得し誘導するのである。

2　「決死」の物語

物語の重要な働きの一つは、自分の人生を自分自身に納得させるということにある。このことは、簡単には納得しがたいような状況に人が置かれたとき、とりわけはっきりする。その意味で、例えば第二次大戦後に戦犯として処刑された人びとに関する作田啓一の研究や、太平洋戦争期の「決死の世代」の若者たちに関する森岡清美の研究は示唆に富んでいる。

作田は、巣鴨遺書編纂会編『世紀の遺書』に収められた戦犯受刑者の遺文を資料に、戦争犯罪者として処刑された人びとが「どんな論理と心情をもって死を受け容れ、あるいは拒否したか」を分析した（作田　一九六七）。作田が対象としたのは、いわゆるBC級戦犯であり、A級の「軍国支配者」層ではない。BC級の人たちは、任務あるいは命令によって参加した（あるいは、参加したと認定された）作戦行動、管理行動などの組織的・集団的行動のために訴追されたのであり、「平和な市民の生活においては死刑に値する行為を行なうはずのなかった人たち」である。なかには、まったくの誤解によって処刑された不運な人びとも含まれていた。こうした事情から、BC級戦犯の人びとが自分に下された死刑という「処罰の正当性を信じて、自分の死をなっとくする」ことは容易ではなかった。しかし、にもかかわらず、大多数の人びとは「とにかくなんらかの仕方で刑死を受容した」。そこにみられる「死との和解」のロジックとレトリックを、作田は「贖罪死」型、「とむらい死」型、「いけにえ死」型、「自然死」型として類型化した。

森岡は、ライフコース論の観点から、太平洋戦争末期の若者たち、とくに一九二〇〜二三年生まれコーホートを「決死の世代」と呼び、特攻隊員や戦犯受刑者を含めて、この世代の戦没者たちの遺書（手記）の分析を行なった（森岡　一九九三、一九九五）。「決死の世代」は、「戦争によってもっとも深い痛手を受けた世代」、つまり「太平洋戦争の激戦場に徴兵制度によって動員され」「もっとも多数の戦没者を出したコーホート、より正確には、戦没者比のもっとも高い連続コーホート」である。それはまた、「任務遂行のために命を賭することの主体的な構え」と「比較的短い月日の間に必ず死に直面するであろうとの自己の死期についての認知……をもつ個人が多発した世代」でもある。したがって、彼ら決死の若者たちは、「自らの過ぎこし日々を総括し、人生の中断というべき早きに過ぎる自らの死を意義づけることによって、迫り来る死に備えようとする」。そうした彼らの試みのなかで、さまざまな物語がつくられ、語られ、書き残されていく。

しかし、「過ぎこし日々を総括し、……自らの死を意義づける」ことのできるような物語を独力でつくりあげることはむずかしい。つまり、多かれ少なかれ、既成の物語に頼らざるをえない。その好例が、森岡もその重要性を指摘している「忠孝一本」の教説とそれをめぐるさまざまの物語である。「既往天皇に忠節を捧げることがとりも直さず親に孝養をつくすことであるという「忠孝一本」説は「既往の不孝も先立つ不孝も戦死によって償うことができる、いな戦死こそ最大の孝行であるという観念を支えたので、……決死の場に直面して親に思いを馳せる若者たちに一種の免罪符となり、ひいては後ろ髪引かれる思いの若者を死地に突進させることを可能にする論理として機能した」(森岡 一九九三：一三八)。そして、そのようにして死地に突進した若者たち、とくに特攻隊の若者たちの生き方や行為を賛美する物語がマス・メディアを通じて広く喧伝された。

この種のいわば国家によってつくられた物語ではなく、むしろ文学作品などに頼って自分の物語をつくる人たちもあった。例えば、一九四五年の四月に沖縄海上で昭和特攻隊員として戦死した佐々木八郎は、宮沢賢治の『烏《からす》の北斗七星』をベースにした。彼がとくに参照したのは、次の二つの場面である。すなわち、一つは、山烏との戦いを明日にひかえて、烏の大尉が「おれはあした戦死するのだ」と思いながら、マジエル様と呼ばれる北斗七星に向かって「あしたの戦《たたかい》でわたくしが勝つことがいいのか、山烏がかつのがいいのか、それはわたくしにわかりません、ただあなたのお考えのとおりです、わたくしはわたくしにきまったように力いっぱいたたかいます、みんなみんなあなたのお考えのとおりです」と静かに祈る場面。もう一つは、翌日の早朝、空腹のために山から出てきて大尉とその部下たちに囲まれて殺された一羽の山烏の死骸を葬りながら、「ああ、マジエル様、どうか憎《にく》むことのできない敵を殺さないでいいように早くこの世界がなりますように、そのためならば、わたくしのからだなどは、何べん引き裂かれてもかまいません」と心のなかでつぶやく場面である。

この烏の大尉の物語を原型として佐々木は自分のバージョンをつくるのだが、それは、例えば次のようなディスコースを中核として構成されている。「戦の性格が反動であるか否かは知らぬ。ただ義務や責任は課せられるのであり、それを果たすことのみが我々の目標なのである。全力を尽くしたいと思う。反動であろうとなかろうと、人として最も美しく、崇高な努力の中に死にたいと思う」。あるいは、

この烏の大尉の物語を原型として構成されている。

> 僕の現在とる態度も純粋に人間として、国籍をはなれた風来の一人間として、……この世に生れた一人の人間として、偶然おかれたこの日本の土地、この父母、そして今までに受けてきた学問と、鍛えあげた体とを、一人の学生として、それらの事情を運命として担う人間としての職務

をつくしたい、全力をささげて人間としての一生をその運命の命ずるままに送りたい、そういう気持なのだ。そしてお互いに、生れもった運命を背に担いつつ、お互い、それぞれにきまったように力一ぱい戦おうではないか。……お互いがお互いにきまったように全力をつくす所に、世界史の進歩もあるのだと信ずる。

佐々木の文章は、戦没学生の手記を集めた『きけ わだつみのこえ』に収録されているが、この本に収められている他の学生たちの手記のなかにも、島崎藤村の『夜明け前』、ゲーテの『若きヴェルテルの悩み』、ロマン・ロラン『ジャン・クリストフ』、ヘルマン・ヘッセ『ペーター・カーメンツィント』、エドモン・ロスタン『シラノ・ド・ベルジュラック』など、多くの文芸作品が登場する。映画では、ルネ・クレールの『自由を吾等に』、稲垣浩の『無法松の一生』などが言及されている。これらさまざまの既成の物語が、自分の物語を編んでいくときの素材や手がかりとして、あるいは原型として用いられたことがうかがわれる。また、吉川英治の『宮本武蔵』に関しても、間接的ではあるが興味深い言及がある。軍艦「山城」に軍医として乗り組んでいた大島欣二の一九四二年九月六日付けの手紙によると、「元気な同室の青年士官の中では吉川英治の『宮本武蔵』が一番幅をきかせています。誰かがケチをつけておこられたと聞きました」とある。大島自身は『宮本武蔵』を読んでいないし、「もちろん宮本武蔵は偉人であっても、吉川英治の小説に感激しなくてはならないものだろうか」と懐疑的であるが、『きけ わだつみのこえ』の人たちほど「インテリ」ではなかった若者たちの間では『武蔵』の人気は圧倒的であったようだ。この小説は『朝日新聞』連載中から多くの読者を獲得し、単行本化もされていたが、とくに連載終了後に出た廉価版がベストセラーとなった。「山城」の青年士官の間で「幅をきかせていた」のは、おそらくこの廉価版の八巻本（一九三九年一〇月刊行開始、一九四〇年五月完結）だったと思われる。

『宮本武蔵』は、若者の精神的成長を描くビルドゥングスロマンとしての性格をもっている。みずから言うように、武蔵は「偉い男でも天才でもなんでもない」し、ひたすら剣の道ひと筋に精進してきたとも言いきれない。恋人のお通と「なにもかも捨ててともに暮らして終わりたいとどれほど思い悩んだかしれない」。「つまり恋慕と精進の道のふた筋に足かけて、迷いに迷い、悩みに悩みながら、今日までどうやら剣の方へ身を引き摺って来た」のだ（「風の巻・木魂」）。しかし、自分の「凡質を知っている」からこそ、誠実に絶え間なく努力して技術と人格を磨いてきた武蔵は、自然に「死生一如の覚悟」にいたり、天才剣士・佐々木小次郎にも勝つことができた。それは、小次郎が信を置いていた「技や力の剣」に対する武蔵の「精神の剣」の勝利であった（「円明の巻・魚歌水心」）。

このような物語が、「決死の人生」の納得を迫られていた当時の若者たちに広く受けいれられたのは不思議ではない。同じく当時のベストセラーで、黒澤明によって映画化もされた富田常雄の『姿三四郎』（一九四二年九月刊、一九四三年三月映画封切）は『宮本武蔵』の柔道バージョンと言われたが、ほかにも無数の個人バージョンがさまざまな若者たちによってつくられていたに違いない。

戦犯受刑者や「決死の世代」の若者たちだけでなく、平和な日常生活のなかにある私たち自身も、しばしば物語によって人生に耐え、世界と和解している。もちろん、もう少し積極的に、物語によって人生の輝きや喜びを強化しようとする場合もある。いずれにせよ、私たちはいつも自己と人生に関する物語をつくり、語り、そのことを通して自分を納得させるとともに他者からの確認や批准を求めている。その過程で物語は、絶えず推敲され、書きかえられていく。ときにはそれは、根本的な再構成にいたり、「回心」や「転向」、「救済」や「治癒」などと呼ばれる自己変容をもたらすこともある。そして、そのために特別に工夫されたコミュニケーション状況として、例えば宗教的・カルト的セッション、各種の心理療法、自助グループや意識覚醒グループ、自己啓発セミナーなど、自己と人生の物語の「書きかえ」を促進し支援する社会的装置や機会もいろいろと用意されている。

しかし、右に見たような物語の働きはたしかに重要ではあるが、そのような面だけを強調すると、まず人生があって、それからそれについての物語があるというような印象を与えてしまうことになるかもしれない。そこで次に、私たちの人生そのもの、あるいは経験そのものが物語として構成されるという側面に触れておきたい。

3　経験と物語

よく知られた小説論のなかで、E・M・フォースターは、物語を構成する要素として「ストーリー」と「プロット」とを区別した。ストーリーとは「時間の進行に従って事件や出来事を語ったもの」である。一方プロットは、同じく事件や出来事を語るのだが、それらの時間的順序よりもむしろ「因果関係」に重点を置く。例えば、「王様が死に、それから王妃が死んだ」はストーリーであるが、「王様が死に、そして悲しみのために王妃が死んだ」はプロットである。プロットはさらに、「王妃が死に、誰にもその原因がわからなかったが、やがて、王様の死を悲しんで死んだのだとわかった」というふうに、時間的順序をある程度離れて展開し、謎を含んだ複雑なものに発展していくことができる。しかし、どんなに複雑なプロットも、最終的には「結末」あるいは「解決」に向かわねばならない。ストーリーが次から次へとどこまでも続きうるのに対して、プロットは発端と結末によって区切られ、すべての出来事を「有機的に」結びつけ、まとめあげる（Forster〔1927〕1962＝一九九四：第二章・第五章）。

「物語」については近年さまざまの議論があり（社会学者によるものとしては、例えば浅野 二〇〇一、野口 二〇〇五、小林・浅野 二〇一八、など）、物語の概念も多様であるが、ここでは右に見たフォースターの古典的な小説論に依拠して、物語とは現実あるいは架空の出来事や事態を時間的順序および因果関係に従って一定のまとまりをもって叙述したもの、とさしあたり考えておこう。ここで言う「叙述」のなかには「記述」と「説明」がともに含まれる。フォースターの区別で言えば、ストーリーは記述に、プロットは説明に関係する。

私たちが人生のなかで経験する出来事や事態も、あるいは人間社会が歴史のなかで経験する出来事や事態も、この「物語」という形式によって記述され説明される。あるいはむしろ、共同体の経験の軌跡としての歴史についても、個人の経験の軌跡としての人生についても、物語の形式を通して初めて、その記述と説明が、したがってまた理解と意味づけが可能になるのだと言ったほうがよいかもしれない。

実質的には同じことを、いくらか違った視点から、S・クライツは「人間の経験は物語の性質（narrative quality）をもつ」と表現した。彼によれば、たしかに分析上は経験そのものと経験に一貫性をもたらす物語とは別だと言えるだろうが、実際には両者は相互に浸透しあっていて区別しがたい。そして、そのような「経験の物語性」のおかげで私たちは、過去（記憶）と未来（期待）を現在に結びつけることができ、自分の人生を多少とも一貫したものと感じることができるのである（Crites 1971, 1986）。こうして、物語は人生の経験について構成されるものであるだけでなく、経験を構成していく要因でもある。

しかし、J‐P・サルトルの小説『嘔吐』の主人公アントワーヌ・ロカンタンに見られるように、経験を秩序化する物語の働きに対して批判的な意見もある。ロカンタンによれば、「人間はつねに物語の語り手であり、自分の物語と他人の物語に囲まれて生活している。彼は日常のすべての経験を、これらの物語を通して見る。そして自分の生活を、他人に語っているみたいに生きようと努めるのだ」（白井浩司訳）。しかし、このようにして人生を物語化することは、結局のところ人生を偽ることになる。人生がまさに生きられているときには、そこに物語のような秩序はないし、その出来事の意味もわからない。ところが、私たちが人生について語りはじめると、「すべてが変化する」。何よりも、物語は時間を逆行する。

「一九二二年秋のある晩のことだった。私は当時マロンムの公証人の書記をしていた」と、人は発端から話しだすように見えるが、じっさいには結末からはじめているのである。結末は眼には見えぬが、そこに現存していて、これらの言葉に発端としての荘厳さと価値を与えているのだ。

物語においては、まず「結末」があり、すべてがそこに向かって集約される。このようにして、事後的に構成される物語が出来事に秩序と意味を与える。「最も平凡な出来事が、ひとつの冒険となるには、それを〈語り〉はじめることが必要であり、それだけで充分である」。

ここには、クライツ流の考え方に対立する二つの論点が含まれている。一つは、物語は語り手に都合のよい虚偽の秩序をつくりだすにすぎないという論点であり、もう一つは、物語は事後的に構成されて語られるものであって生きられるものではないという論点である。この第二の点は、のちにルイス・ミンクらによっていっそう詳しく展開された (Mink 1970)。

クライツの側に立ってこれらの問題に答えるとしたら、第一の点については、たしかに物語はさまざまの程度において虚偽や自己欺瞞を含まざるをえないが、だからといって物語による秩序化を否定すれば、私たちの人生は誰にも意味のわからない経験の断片の寄せ集め、ごちゃまぜのジグソーパズルのピースのようなものになってしまうだろう、と言うことができよう。第二の点については、例えば言語と経験との結びつきにみられるように、言語的構成物である物語に関して、語られるものと生きられるものとを峻別することは困難である、と反論することができよう。私たちの経験はすでに多少とも物語に浸透され、あるいは「汚染」されている。その意味で、人生は与えられたピースをうまく組み合わせて図柄をつくる普通のジグソーパズルではなくて、むしろピースを自分の糸鋸で切り出しながら同時にパズルの図柄をつくっていくものなのだ、というライト・モリスのメタファーが事態をうまく言い当てている（Morris 1978）。

また、これは二つの論点にともにかかわるのだが、人生はロカンタン（＝サルトル）の言うほど無秩序でも断片的でもなく、いくぶんかは物語的な秩序を備えており、したがってまた人生についてそれほど恣意的に物語をつくれるわけではない、というA・マッキンタイアの反論もある（MacIntyre 1984＝一九九三：第一五章）。私たちの人生は歴史的な文脈のなかに位置づけられ、また他者の行為によって拘束されているからである。

幻想の中でのみ私たちは好むがままの物語を生きるのであって、人生においては……常にいくつかの束縛のもとで生きている。私たちは自分が企画したわけではない舞台に立たされ、自分の作ではない演技を受け持たされていることに気づく。それぞれが自分自身のドラマでは主な登場人物でありながら、他の人たちのドラマでは脇役を演じている。こうして各々のドラマは他のドラマを束縛する。

私たちは「自分たち自身の物語の共同脚本家以上の者では決してない（ときにはそれ以下の者である）」。しかしこのように、多少とも制度化された物語のなかで、それぞれに与えられた役柄を演じているからこそ、お互いの行為がお互いにとって理解可能なものとなり、日常の社会生活が可能になるのだ。したがって、マッキンタイアによれば、私たちはみな「自分の人生で物語を生きている」のであり、「その生きている物語を基にして自分自身の人生を理解」し、また「他者の行為を理解する」。「物語は、虚構の場合を除けば、語られる前に生きられているのだ」。

もちろんしかし、人生の物語は語られもする。他者からの批准が得られなければ、せっかくの物語も、幻想や妄想にとどまり、社会的な効力をもたないからである。こうして私たちは、自分の物語を他者に向かって語りかけざるをえない。ということは、それに先立って、あるいは同時に、自分自身に向かっても語りかけるということである。

私たちが自分の物語を構成するとき、ロカンタンの言う「他人の物語」(des histoires d'autrui) が重要な役割を果たすと思われるが、ロカンタンはこの点について何も語っていないので、ロカンタンを離れて議論を進めるなら、「他人の物語」には大別して二種類のものがあると言えよう。一つは、自分とは直接関係のない他人の物語であり、もう一つは、直接に相互作用やコミュニケーションをもつ身近な他者、とりわけプラースの言う「道づれ」たちの物語である。前者は、例えば神話や伝説、童話や小説、あるいは映画・テレビなどのマス・メディアを通じて流布されるさまざまの物語など、私たちをとりまくシンボル空間のなかに文化の一部として存在している物語であって、私たちは子どものときからそれらに取り囲まれ、しばしばそれらを認知や解釈の枠組みとして内面化し、その枠組みを通して人生の出来事や事件に秩序と意味を与えている。それらの物語はまた、自分自身の物語のモデルとして、あるいは素材（構成要素）として利用されるが、同時に、例えば「適切な」ライフコースのあり方や「穏当な」物語のつくり方などを示すことによって、私たちが自分の物語をつくる際の拘束要因ともなる。

この種のものを「文化要素としての物語」と呼ぶなら、もう一つの種類は「相互作用要素としての物語」と呼ぶことができよう。これは、私たちの両親、兄弟姉妹、親戚、恋人、配偶者、友人、同僚らが、それぞれの人生について私たちに語る物語であって、彼／彼女らとの相互作用とコミュニケーションの過程で、私たち自身の物語とからみあい、相互に影響しあう。私たちはたいてい、理想化された自己イメージを含む他者向けのバージョンを提示するが、それは他の人たちの物語によって、完全に否定はされないまでも、相対化されてしまうことが多い。他の人たちの物語は多少とも違った視点から構成されており、マッキンタイアが述べたように、そこでは私たち自身は脇役としてしか登場しないからである。しかし同時に私たちは、物語の語り手が多かれ少なかれ自分に都合よく脚色したバージョンを語る権利を認めてもいる。それは、ゴフマンの言う「相互作用儀礼」の一部であり、ランドル・コリンズの言い方によれば「自我創出的な相互作用儀礼」(self-creating interaction rituals) である。そこでは、「誰もが、他人に対して、その人自身の世界に関してはいくぶんかの虚偽をふくんだ見解をつくりあげる権利を暗黙のうちに認めているようだ――そのかわり、自分が話す番になったら、同様の権利を認めてもらうわけである」。こうして、「人びとは、互いに協力しあってそれぞれの自己イメージを築きあげていく」(Collins 1992＝二〇一三：第二章)。ただし、この「協力」は、ときにはもっと複雑なものになり、お互いの物語内容をめぐる取引や妥協の形をとることもある。

すでに述べたように、まず人生があって、人生の物語があるのではない。私たちは、自分の人生をも、他者の人生をも、物語として理解し、構成し、意味づけ、自分自身と他者たちにその物語を語る、あるいは語りながら理解し、構成し、意味づけていく——そのようにして構築され語られる物語こそが私たちの人生にほかならない。この意味で、私たちの人生は一種のディスコースであり、ディスコースとして内的および社会的なコミュニケーションの過程を往来し、そのなかで確認され、あるいは変容され、あるいは再構成されていくのである。

ライフコース研究には、右に見てきたような意味での「物語」への感受性が不可欠である。そして、ここで言う物語への感受性のなかには、物語への批判的な視点や感覚も含まれる。本稿ではこの面に詳しく触れることができなかったけれども、たとえばロカンタンが感知した物語に内在するにせもの性、そして物語の共有による「相互理解」のいかがわしさ(ひいては社会そのもののいかがわしさ)、あるいはヘイドン・ホワイトが強調した、物語の秩序と既成の道徳的・イデオロギー的秩序との照応(White 1980)、さらにはそうした物語秩序への動員や嵌まりこみ、またすべてを「結末」から逆に統合していく物語の構造による個人的および集合的記憶の変容や歪曲など、さまざまの軽視できない問題があることを忘れるわけにはいかない。

物語への感受性はまた、物語の裂け目やほころびへの感受性でもある。どんなに巧みな物語も、その多様なバージョンも、人とその人生の全体を覆いつくすことはできない。たしかに私たちは、物語によって相互に理解しあい、関係をとり結んでいるが、同時に一方では、物語によってというよりはむしろ、互いに語りあう物語の裂け目やほころびによって、かえって深く結びつくことも少なくはないのである。

文　献

浅野智彦、二〇〇一、『自己への物語論的接近——家族療法から社会学へ』勁草書房。

Collins, R., 1992, *Sociological Insight: An Introduction to Non-Obvious Sociology*, 2nd ed., Oxford University Press.（＝二〇一三、井上俊・磯部卓三訳『脱常識の社会学　第二版』岩波現代文庫）。

Crites, S., 1971, "The Narrative Quality of Experience," *Journal of the American Academy of Religion*, 39(3).

——, 1986, "Storytime: Recollecting the Past and Projecting the Future," in T. R. Sarbin, ed., *Narrative Psychology*, Praeger Publishers.

Forster, E. M.,〔1927〕1962, *Aspects of the Novel*, Penguin Books.（＝一九九四、中野康司訳『小説の諸相』E・M・フォースター著作集8、みすず書房）。

Goffman, E., 1959, *The Presentation of Self in Everyday Life*, Doubleday.（＝一九七四、石黒毅訳『行為と演技——日常生活における自己呈示』誠信書房）。

——, 1967, *Interaction Ritual*, Doubleday.（＝二〇〇二、浅野敏夫訳『儀礼としての相互作用』法政大学出版局）。

小林多寿子・浅野智彦編、二〇一八、『自己語りの社会学』新曜社。
MacIntyre, A., 1984, *After Virtue: A Study in Moral Theory*, 2nd ed., University of Notre Dame Press.（＝一九九三、篠崎榮訳『美徳なき時代』みすず書房）。
Mink, L., 1970, "History and Fiction as Modes of Comprehension," *New Literary History*, Vol. 1.
森岡清美、一九九三、『決死の世代と遺書——太平洋戦争末期の若者の生と死』補訂版、吉川弘文館。
———、一九九五、『若き特攻隊員と太平洋戦争——その手記と群像』吉川弘文館。
Morris, W., 1978, *The Territory Ahead*, University of Nebraska Press.
日本戦没学生記念会編、一九九五、『新版 きけ わだつみのこえ』岩波文庫。
野口裕二、二〇〇五、『ナラティヴの臨床社会学』勁草書房。
Plath, D. W., 1980, *Long Engagements: Maturity in Modern Japan*, Stanford University Press.（＝一九八五、井上俊・杉野目康子訳『日本人の生き方——現代における成熟のドラマ』岩波書店）。
作田啓一、一九六七、「死との和解——戦犯刑歿者の遺文に現われた日本人の責任の論理」『恥の文化再考』筑摩書房。
Sartre, J.-P., 1938, *La nausée*, Gallimard.（＝一九九四、白井浩司訳『嘔吐』改訳新装版、人文書院／二〇一〇、鈴木道彦訳、人文書院）。
巣鴨遺書編纂会編、一九五三、『世紀の遺書』巣鴨遺書編纂会刊行事務所／復刻版、一九八四、講談社。
Watzlawick, P., J. H. Weakland and R. Fisch, 1974, *Change: Principles of Problem Formation and Problem Resolution*, Norton.
White, H., 1980, "The Value of Narrativity in the Representation of Reality," *Critical Inquiry*, 7(1).（＝二〇一七、上村忠男訳「現実を表象するにあたっての物語性の価値」上村忠男編訳『歴史の喩法』作品社）。

Ⅳ　文化の風景

キライワード辞典

ときどき近くのスーパーに買い物に行く。さすがに「軍艦マーチ」ではないけれども、何か元気のよいバックグラウンド・ミュージックが流れていて、合間に「本日もご来店ありがとうございます。どうぞごゆっくりお買いまわりくださいませ」といった店内アナウンスがある。

この「買いまわる」という表現が私には少し耳ざわりである。たしかにスーパーでは、縦横に走る通路を歩きまわりながら、多種類の商品を買うことが多い。それを「買いまわる」と言うのだろうか。だが「買いまわる」という言い方には、どことなく「買いあさる」「買いまくる」などに似たニュアンスが感じられて、どうも好きになれない。アナウンスで「お買いまわり中のお客様にお知らせ申し上げます」などと言われると、別に「買いまわっている」わけではないよ、と言いたい気持になる。

これは私だけの感じ方だろうか。もともと私は言葉に関して保守的なところがあり、いわゆる「ら抜き言葉」なども好まない。もちろん、私のまわりの若い人たちの多くは「見れる」「食べれる」などの「ら抜き言葉」を平気で使っているし、国語審議会などが反対したところでどうなるものでもないと思うが、少なくとも私自身の語感としては抵抗があり、自分で使う気にはなれない。

嫌いな言葉はほかにもいろいろある。例えば「生きざま」——これは一九六〇年代の終り頃から急に流行りだして広く使われるようになった言葉だが、私は当初から嫌いで、話し言葉としても書き言葉としても使ったことがない。

もう少し新しいところでは、例えば「魅せる」というような言葉。新聞のスポーツ面などでよく見かけるが、私は好きではない。あるいは、日常会話のなかでよく使われる「電話を入れる」という言い方。これもわりに新しい用語法と思うが、やはり私にはなじめない表現の一つである。また、犬や猫に「ご飯をあげる」などというのも、ペットの人格（？）を認めた丁寧表現なのかもしれないが、どこかおかしく思われる。つい「生類あわれみの令」じゃあるまいし、などと思ってしまう。

言葉の好き嫌いを論理的に説明するのはむずかしい。それはむしろ、各人の個人史に深く根ざした生理的・身体的反応に近い。だから、嫌いな言葉が一致する人とは話が合うし、大げさに言えば人間的共感のようなものさえ感じたりもするのだろう。たとえ初対面の人でも、たまたま何かの拍子に、お互い同じ言葉が嫌いだとわかったりすると、とたんに話がはずみ、まるで百年の知己みたいになってしまうこともある。

レイモンド・ウィリアムズの名著『キーワード辞典』にならって、各人がそれぞれに自分の『キライワード辞典』をつくってみたら面白いのではないかと思う。

いもづる式

少し前のことになるが、私の嫌いな言葉や表現について書いたところ、思いがけずたくさんの方々からご意見やコメントをいただいた。言葉、とくに現代の日本語の用法などに関心をもち、ときには抵抗感や違和感を抱いている人が少なくないことを実感したわけだが、これは何も今に限ったことではないだろう。昔から多くの人びとが、それぞれの時代の「現代日本語」に対する抵抗感や違和感を表明してきた。

その一人として、例えば永井荷風をあげることができる。「言語の乱るるは人心の乱れたるを証するものなり」とした荷風は、いったいどんな言葉に抵抗を感じていたのか。『摘録 断腸亭日乗』(磯田光一編、岩波文庫、一九八七年)で確かめてみると、例えば昭和三(一九二八)年の記事では、「芋蔓《いもづる》式」という表現が槍玉にあげられている。

この年、東京市会議員の収賄事件があり、次々と議員が拘留されていく様子を、新聞は「芋蔓式に」と報じた。これについて荷風は、「昔より株連蔓引《しゅれんまんいん》といふ熟語あり。何を苦しんで芋蔓といふが如き田舎言葉を用るにや」と書いている。「予これを好まず」である。

あるいは、ラジオの天気予報などで「愚図《ぐず》ついた天気」という言い方が使われているのを聞いて、

「愚図々々してゐるといふ語はあれど、愚図ついてゐるといふ事はかつて聞かざる所なり。……いかにも下品にて耳ざわり悪しき俗語なり」と述べている。これは昭和七年の記述である。

荷風はまた、カフェや喫茶店で耳にする当時の若者たちの言葉使いなども「乱れ」として書きとめている。例えば「雰囲気に酔った」とか「過去を清算する」のような言い方、あるいは段違いを略した「ダンチ」、がっかりする、意気込みをなくすという意味で用いられる「腐る」などなど。

しかし今日では、「いもづる式」にせよ「ぐずついた天気」にせよ「雰囲気に酔う」にせよ、すっかり定着しており、私もとりたてて抵抗は感じない。「いもづる式」などは、「田舎言葉」と言われればそうかもしれないが、具体的で明快なイメージで事態をうまく表現しているように思われる。「株連蔓引」のほうは、私の手許にある小型の国語辞典などにはもう載っていない。さすがに漢和辞典には載っているが、「罪人やその関係者をいもづる式にひっぱること」などと、その説明に「いもづる式」が使われている。

時代の流れというものだろうか、「日本語の行末はいかになり行くにや」と慨嘆しつつ荷風が折々に指弾した言葉や表現のなかで、今の私に強い抵抗感や違和感を与えるものはほとんどない。ということはしかし、私の嫌いな言葉や表現もいずれは誰もが何の抵抗もなく……。というわけで、何だか自信がなくなってきた。

「正しい」孤独死

孤独死という言葉は、一九七〇年代の初め頃から使われるようになった。そのきっかけになったのは、マスコミ、とくに新聞の報道記事である。例えば、八二歳の男性が誰にも看取られることなく亡くなり、一〇日後に娘に発見されたとか、都営住宅で孤独のうちに病死した五九歳の男性が一か月後に発見された、というような報道が相次いだ。そして一九七三年には、全国社会福祉協議会が「孤独死ゼロ運動」を呼びかけるにいたった。

その後、「孤独死対策」に取り組む自治体などは増えていく反面、マスコミやジャーナリズムにおける孤独死の話題性はむしろ低下していく。だが、一九九五年一月の阪神・淡路大震災のあと、仮設住宅でひとりで亡くなる高齢者などが注目され、孤独死は再び大きな話題となり、「孤独死」という言葉もこの頃から広く定着する。当時の孤独死問題については、仮設住宅地の仮設診療所で医療活動にあたった医師、額田勲の著書『孤独死』が詳しい。多くの具体的なケースを通して「弱者切り捨て」の構造が的確にとらえられている。

さらに近年では、「無縁社会」や「絆」といった言葉との関連、またそれらの言葉が普及する社会的状況との関連もあって、孤独死をめぐる議論はますます盛んなようだ。しかし盛んであるだけに、議論が拡散し、焦点があいまいになってしまう傾向もある。

例えば、そもそも何をもって孤独死と言うのか、その定義からしてさまざまである。すでに触れたように、もともと孤独死とは、死後一か月とか一〇日とか、かなり長期にわたって気づかれなかったケースを指していた。しかし、孤独死が広く話題となり議論されるなかで、死から発見までの期間がだんだん短くなり、ついにはその期間にかかわらず、単に誰にも看取られない死を孤独死と呼ぶことも増えてきた。例えば『広辞苑』第七版（二〇一八年）では「孤独死＝看取る人もなく独りで死ぬこと」とされており、発見までの期間は考慮されていない。

もちろん、発見までの期間にこだわる考え方は今でも少なくないが、例えば二日以上なら孤独死とか、あるいは四日以上なら……とか、その期間は以前よりも短くなっている。比較的長いのは都市再生機構の考え方で、死後一週間とされている。つまり、誰にも看取られない死であっても、一週間以内に発見された場合は「孤独死」とはみなさない、というのである。都市再生機構は、国土交通省所管の独立行政法人であり、市街地の環境整備や旧公団住宅の管理などを主たる業務としているので、一週間以上にもわたって遺体が発見されないと、その処理がたいへんになり社会的コストが増大するという観点から孤独死をとらえているようだ。先の二日以上とか四日以上といった基準も、主として死体の腐敗や損傷の可能性を考慮したものであるらしい。

かつて、孤独死における死から発見までの期間の長さは、死者と家族や親族、あるいは地域社会とのつながりの薄さをあらわすものとイメージされていた。しかし今日では、それはむしろ、死体の処理などを含めた事後処理のコストを示すものとなっている。実際、賃貸のアパートやマンションで孤独死した独居老人が長らく放置されたため、その後の遺体処理や部屋のリフォームに莫大な費用がかかり、それを遺族が請求されるといったケースも少なくないという。一方、つながりの薄さのほうは「無縁死」という新たな言葉で表現されるようになる。これは、二〇一〇年一月に放映されたNHKスペシャル「無縁社会～〝無縁死〟三万二千人の衝撃」のなかで用いられた言葉で、「看取る人がない」ばかりか「引き取り手もない死」を意味する。孤独死の極端なケースとも言えよう。

孤独死の問題を（その対策を含めて）国のレベルで扱っているのは厚生労働省であるが、ここでは「孤独死」という言葉は独居高齢者を連想させる傾きがあるとして、孤独死のかわりに「孤立死」という言葉を使っている。たしかに、二〇一二年一月の札幌の姉妹死亡事件などは、孤独死が決して独居高齢者だけの問題ではないことを広く認識させた。これは、札幌のマンションに住んでいた四〇代前半の姉妹が生活に困窮し、ガスなども止められた状況のなかで一二月二〇日頃に姉が脳内血腫で亡くなり、知的障害をもつ要介護の妹は助けを求めるすべもなく半月ほどのちに凍死（または餓死）し、二人の遺体が一月下旬に発見されたという痛ましい事件である。

孤独死・孤立死（どちらの呼び方にせよ）の問題は、少子高齢化や核家族化、婚姻率の低下、地域社会の変容、あるいは国の医療政策（在宅医療推進策）など、多くの構造的な要因と複雑に関連している問題なので明快な解決策などはない。だが、ともかくも孤独死・孤立死を防止しようとする活動は、厚労省や地方自治体、そして社会福祉協議会などの民間団体、各種のNPO組織、あるいは町内会や団地の自治会などによって、さまざまな形で展開されている。なかには、新聞宅配ネットワークとの連携、ＩＴ機器の活用など、独自の工夫を組み込んでいる例も少なくない。

しかし、こうした活動が「孤独死予備軍」の人たちから歓迎されているかと言えば、必ずしもそうではない。「余計なお世話だ」「死ぬときぐらい勝手に死にたい」「誰にも看取ってもらう必要なんかない」などと言う人も結構多いのである。たしかに、死とはほんらい誰とも共有できない経験であるから、看取られようが看取られまいが「すべての死は孤独死である」とも言える。とすれば、誰にも看取られない死をことさらに強調し憐れむのは感傷的反応にすぎないということになろう。孤独死を忌避すべきものとして否定的にのみとらえる社会通念は見直されてよい。だが反面、事後処理とそのコストのことなどを考えれば、「人はひとりでは死ねない」と言われるのもよくわかる。つまり、孤独死を肯定あるいは容認するのであれば、そのコストを最小限に抑えるための、その人なりの準備（孤独死を前提とする「終活」）も必要だということであろう。

Ｄ・ブッツァーティの小説『タタール人の砂漠』（脇 功訳、岩波文庫、二〇一三年）の主人公は、辺境の砦で、はた目には空費されてしまったかのような人生を送り、老いて健康をそこない、不本意に任務を解かれて故郷に帰る、その途中の旅籠の一室で孤独のうちに生涯の終わりを迎える。「彼は気持ちを奮い立たせて、幾分胸を張り、片手で軍服の襟元を正すと、窓の外に目をやって、もう一度最後に星をちらりと眺める。それから、闇の中で、誰ひとり見ている者もいないのに、かすかに笑みを浮かべるのだった」。これは、孤独死の一つの理想形かもしれない。しかし、現代の日本でこの理想に多少とも近づくためには、個人の側でのそれなりの準備とともに、そういう個人をサポートする社会的施策（「正しい孤独死」を支援する施策？）の充実も必要になるはずである。

文　献
額田勲、〔一九九九〕二〇一三、『孤独死――被災地で考える人間の復興』岩波現代文庫。
結城康博、二〇一四、『孤独死のリアル』講談社現代新書。
新谷忠彦、二〇一三、『孤独死のすすめ』幻冬舎ルネッサンス新書。

ペットロス――親の死より悲しい

愛犬に死なれた友人が「母親を亡くしたときよりもずっと悲しい」と公言し、雑誌に連載中のエッセイなどにもそう書いて、一部の読者の顰蹙《ひんしゅく》をかった。しかし、近年よく言われるように「ペットは家族の一員」であるならば、友人の感覚はもっともであるとも思われる。天寿をまっとうして八十何歳かで亡くなった母親にくらべて、愛犬は若死にである。愛犬も天寿をまっとうしたのかもしれないが、犬の天寿はだいたい一五年くらいであるから、どうしても息子か娘を若くして亡くしたような気分になりやすく、その喪失（ロス）による心理的打撃も大きくなる。友人の反応もいわゆるペットロス症状の一種かもしれない。ペットを亡くした悲しみをことさらに語ったり書いたりすることで癒そうとするのは、よくみられる対処行動である。

「小児科医減って獣医が増えた町」（小藤正明）と新聞投稿の川柳にもあるように、近年のペットブームは少子高齢化と関係が深いと言われるが、とにかくペットが名実ともに「家族の一員」化したのはそれほど昔のことではない。かつてもペットブームと言われるような現象はあったけれども、例えばペットの動物に「ご飯をあげる」などという言い方は今ほど普通ではなかった。せいぜい子どもたちの言い方で、多くの大人たちは「えさをやる」と言っていた。明らかに「家族外」の扱いである。

現代の日本では、鳥類、魚類、爬虫類なども含めて、実にさまざまな種類の動物がペットとして飼われているが、数からいって断然多いのは犬と猫である。日本ペットフード協会の調査によれば、これまでの二五年間ほどずっと犬のほうが多かったのだが、二〇一七年一〇月の調査で逆転した。翌一八年の調査では、猫は約九六四万九千匹、犬は約八九〇万三千匹、合計一八五五万二千匹と推計されるという。これは一五歳未満の子どもの総数（一五五三万人、二〇一八年四月現在）を上回る。

犬と猫を含めて、とにかくペットを飼っているという人はどれくらいいるのか。内閣府の世論調査はこれを年次的に調べているが、興味深いのは、この三十数年にわたってペット飼育率に大きな変化は見られないという点である。つまり、ペットを飼っている人の割合は全体の三五％前後でだいたい安定しており、近年になって急激にペットの飼育が増えたという事実はないのだ。とすれば、近年のいわゆるペットブームとは、ペット飼育の増加ではなく、むしろペットに対する人びとの態度の変化をあらわしているのであろう。そして、この変化の大きな特徴の一つがペットの「家族化」であり、再び新聞川柳によれば「ベビーカー覗き込んだら吠えられた」(ノウセイ)、「あなたではポチのかわりは無理と妻」(佐伯弘史)といったぐあいになる。

では、このような意味でのペットブームはいつ頃から始まったのか。厳密に確定することはもちろんむずかしいけれども、だいたい一九九〇年代の終り頃から二〇〇〇年代の初めにかけてと見てよいであろう。世相の変化に敏感な『現代用語の基礎知識』(自由国民社、年刊)が「風俗・流行」のセクションで「ペットブームの意味を考える」という三ページの特集記事(中川志郎執筆)を掲載したのは一九九八年である。そしてペットロスという言葉も、この頃から「現代用語」として本書に採録されるようになった。

このペットブームは一方で、ペット関連ビジネスの発展とも密接に関係している。ペット関連産業の先進国は何といってもアメリカであるが、日本でも、ペットフードの多様化・高級化はもとより、ペット葬のための動物霊園、二四時間態勢のアニマル・ホスピタル、ペット美容院、老犬・老猫ホーム、ペット保険、猫カフェやうさぎカフェ、愛犬と泊まれるホテルなどなど、ペット関連ビジネスは多彩な展開を示し、テレビやネットにも多くの話題を提供してきた。ペットブームは一面においてペットビジネス・ブームでもある。それは、ペットに対する人びとの態度の変化(ペットの「家族化」)に乗じていると同時に、その「家族化」の傾向をますます促進してもいる。こうした状況のなかでペットロス現象も深刻化し、不眠やうつ状態などの病理的症状を示すケースも少なくないようだ。とうぜんペットロスを軽減したり癒したりするためのペット葬ビジネスなども盛んになり、「家族みな忌引きをとったペット葬」（夢の市）ということにもなる。

ペットロス（pet loss）という簡略英語は一九七〇年代の終り頃からアメリカで使われ始めた（和製英語という説もあるが、これは正しくない）。一九八二年には心理療法家による『ペットロス』という本が評判を呼んだりもした（H. A. Nieburg and A. C. Fischer, *Pet Loss*, Harper & Row）。日本では、この言葉の普及はせいぜい一九九〇年代後半以降のことである。しかしもちろん、それ以前からペットを失うことによる悲嘆は存在し、さまざまに語られ、書きつづられてきた。そうした著作の代表格は、猫なら内田百閒の『ノラや』（一九五七年）、犬なら中野孝次の『ハラスのいた日々』（一九八七年）であろう。前者は飼い猫の突然の失踪（迷子？ 家出？ 捕獲？）と百閒のいささか異常なほどの悲嘆ぶり、そしててんやわんやの、しかし真剣な捜索活動などを描いたもの、後者は愛犬ハラスの死にともなう悲しみと一三年間にわたるハラスとの生活の思い出を詳細につづったもの。今風に言えば、ペットロス文芸の双璧である。そのロスが、前者は失踪、後者は死別であるのも面白い。

ペットロスと言うと死別を連想しがちだが、失踪（生別）のほうがつらい場合も多い。百閒は、失踪したノラのあとに飼ったクルを五年ほどで亡くしたが、そのときは毎日「猫医の来診を乞う」など「手をつくした」ので「思い残すところはない」、いつまでも「気にかかる」のはやはり行方の知れないノラのことである、と書いている。一方ハラスにも失踪事件があり、その詳細も描かれているが、最終的には中野夫妻に看取られながらハラスは静かに死んだ。生活を共にした日々をふりかえって中野は「ハラスを飼うことになって以来彼を一個の、自分たちと同じいのちを持つ存在であると考えない日は一度もなかった……そして犬のいのちを通じて、ほかのいきもののいのちをもいとしいものに感じだしたのである」と述べている。これは、今もかわらぬペットロスの重要な教訓であろう。「子に命ひとつと教え猫が逝く」(立地Z骨炎)。

ただし、ペットロスというのはあくまで人間の側からの発想であり、ペットの側からすれば、飼主の都合で簡単に捨てられたり、災害や「想定外」の事故で飼主を失ったりする「飼主ロス」こそが重大問題であることは言うまでもない。

付　記

内田百閒からの引用は『ノラや』(ちくま文庫、二〇〇三年)、中野孝次からの引用は『ハラスのいた日々〈増補版〉』(文春文庫、一九九〇年)に依る。なお、引用した川柳は主として『毎日新聞』掲載の投稿作品(仲畑貴志選)である。

無法松の運動会

先日たまたま古い映画の上映会で『無法松の一生』を久しぶりに見た。稲垣浩監督の一九四三年の作品である。初めは軍部によって、そして戦後は占領軍によって、二重の検閲を受けたというが、私が初めてこの映画を見たのは一九五〇年代に入ってから、中学生の頃だったと思う。

明治後半から大正にかけての小倉の街を背景に、無法松と仇名される車夫の松五郎（阪東妻三郎）、彼がひそかに慕う吉岡大尉の未亡人（園井恵子）、そして大尉の遺児の敏雄（長門裕之）をめぐる物語が展開される。クライマックスには松五郎が祇園太鼓を打つ有名なシーンが置かれていて、もちろんこれもよかったが、中学生の私がいちばん感動したのは、むしろ運動会の場面だった。

飛び入り自由の五百メートル競走で無法松が青年団の若者たちを次々と抜き去って優勝し、日頃ひっこみ思案の敏雄を狂喜させる。それはまた、飛び入りを募るビラの字も読めない松五郎の知的コンプレックスが、日々の仕事のなかで培った身体能力の発揮によって一挙に吹き飛ばされる場面でもある。

夫を亡くして敏雄の教育に不安を感じる未亡人に対して、松五郎は「これで、おれが多少学問でもある人間なら、こういうときにお役に立てるんじゃけんど——なさけねえことじゃ」と言うほかはない。しかし運動会で「小父さん、早う飛べる?」と心配する敏雄に対しては、「はっはっは、小父さんはな、ほかのことはいけんが、走ることとぐれえなら、あそこらの小僧に負けやせんわ」と胸を張って答えることができる。

この運動会の場面は岩下俊作の原作（『富島松五郎伝』）にもあるが、原作では松五郎と敏雄が二人で運動会に出かけることになっている。しかし、ここはやはり未亡人が登場しないと絵にならない。伊丹万作の脚本のうまさだろう。未亡人は「この子があんな大きな声を出して夢中になったのを初めて見ました」と松五郎に礼を言い、敏雄にはあとで「小父さんはただ走るのが早いから偉いんじゃありませんよ」と諭す。

運動会というものは、外国人の目にはかなり奇妙なものに映るらしく、「日本的集団主義」と結びつけて批判されることも多い。また、吉見俊哉さんの考証によると、明治一八年に文相に就任した森有礼の「教育ヲ身体上ニ行フ」という方針に沿って、運動会は明治の後半期に学校行事として広く普及し、児童の身体を国家的に調教する装置として重要な役割を果たしたという。

たしかに、運動会にそういう面があることは否定できないだろう。しかし少なくとも私にとっては、運動会と言えば何よりもまず無法松の運動会であり、知的コンプレックスを吹き飛ばすあの「解放」のイメージなのである。

『姿三四郎』の闘技シーン

映画史の本によると、黒澤明の監督デビュー作『姿三四郎』は昭和一八（一九四三）年三月に公開された。原作は、前年に出版された富田常雄の同タイトルの小説である。舞台は明治二〇年前後（つまり一八八〇年代）の東京。当時の世相を背景に、また嘉納治五郎（小説中では矢野正五郎）が新たに興した講道館柔道と旧来の柔術諸派との対立を背景に、田舎から出てきて柔道を学ぶ純朴な青年が、矢野師範や同門の若者たちとの交流、あるいは対立する柔術家たちとの闘いのなかで技を磨き、人間的に成長していく姿を描いている。

映画が封切られた頃、私はまだ映画を見る年齢に達していなかった。私がこの映画を見たのは、戦後かなり経ってからで、小説を読んだのはさらにあとである。

主人公の姿三四郎は、講道館柔道の草創期に活躍した西郷四郎（一八六六〜一九二二）がモデルと言われる。西郷は会津若松の出身で、明治一五（一八八二）年三月に上京、八月に創設後間もない講道館（小説では紘道館、映画では修道館）に入門する。身長一五五センチ、体重五六キロほどの小兵ながら、技の切れは天才的であったと言われ、山嵐《やまあらし》という独特の投げ技を得意とし、同門の富田常次郎、山下義韶《よしつぐ》、横山作次郎とともに講道館四天王と謳われた。この四天王の一人、富田常次郎が小説『姿三四郎』の作者富田常雄の父親であり、作品中には戸田雄次郎の名で登場する。

黒澤の映画では、姿三四郎を藤田進、矢野正五郎を大河内傳次郎、警視庁武術大会で姿と対決する良移心当流の村井半助を志村喬、村井の娘小夜（小説では乙美）を轟夕起子、そして姿の宿敵檜垣源之助を月形龍之介が演じた。

修道館の命運をかけた警視庁武術大会での試合、烈風の右京ヶ原での檜垣との果し合い（本書一〇八頁）など、この映画には印象的な闘技シーンがいくつもある。クライマックスの右京ヶ原の場面では、一面のすすきをなぎ倒すほどの強風が吹き荒れ、映像的にも音響的にも素晴らしい効果をあげているが、これは黒澤の工夫である。原作では、月光に照らされた静かな原に秋の夜風がときおり吹く程度で、とても烈風吹きすさぶという感じではない。黒澤の『蝦蟇の油——自伝のようなもの』(岩波現代文庫、二〇〇一年)によれば、当初は大扇風機を使ってセットで撮る予定だったが、いざセットができてみると、これでは「貧弱な映像しか撮れない」と思い、急遽、会社と交渉して野外ロケに切りかえ、強風で有名な箱根仙石原で風待ちをして撮影したという。

冒頭、矢野正五郎が心明活殺流の門馬三郎(小杉義男)らに襲われる、夜の河岸の闘技シーンも印象が強い。観客はここで一気に映画の世界に引き込まれてしまう。人力車から軽やかに飛び降りた矢野は河を背にして立ち、襲ってくる数人の相手を鮮やかな身のこなしで次々と河に投げ込む。しかしこの場面、よく見ると黒澤のシナリオとはかなり違っている。なお、シナリオのこの部分は原作にほぼ忠実に書かれているから、原作とも違っていることになる。

例えば一人目の相手(根本)については、シナリオによると「矢野の体は音もなく一本の棒のようにわれと倒れて、根本の両足が宙に浮いて頭を下にはねあがると、そのまま大きな水音をあげて河の中へ……」とあるから、巴投《ともえなげ》か隅返《すみがえし》、いずれにせよ真捨身業《ますてみわざ》で投げられることになっており、それは原作も同じなのだが、映画では、矢野は最初の相手を一本背負で投げている(なお、シナリオ=原作では、直前に「二人の位置が変わって」相手の後ろが河になるとされている。河を背にした相手が矢野の真捨身業で投げられて河に落ちるというのは腑に落ちないが、その点はここでは問わない)。

次の二人目は、シナリオでは、強引な大外刈をかわされて、たたらを踏んだところで腰を蹴られて水中へ、となっているが、映画では、当身《あてみ》を狙って突き出した右腕を止められて、小手投のような技で投げられている。映画でも、五人目の相手は大外刈をかわされて河に転落するが、勢い余ってみずから落ちる感じであり、腰を蹴られるショットはない。むしろ矢野自身もバランスを崩して河に落ちそうになるのだが、辛うじて踏みとどまる。

シナリオに戻ると、三人目はまたもや捨身技（原作では「右足が相手の内股に軽くかかって……」とあり、「隅返しの玄妙な業」とされている）で投げられ、四人目は背負投と思われる技で投げられるのだが、これも映画とは違う。映画では、左右から同時に襲いかかる二人が間髪をいれず、一瞬の早業で投げられるので、はっきりとは見定めがたいのだが、ステッキを振りかざして飛びかかってくる三人目の男は巧みに体をかわされて引き落とされ、四人目は身を沈めての肩車のようである。

シナリオの五人目については、「相手の押してくる力の下に身を倒して、右足がその下腹にかかったとみるや……」とあるから巴投、そして最後の門馬は立ち上がろうとする矢野に組みつくが、地上を転がりながらの寝技で右腕の逆を極められる。映画のほうでは、大外刈をかわされる五人目がいるので、全部で七人となり、シナリオよりも一人多くなるが、最後の二人については、やはり巴投と左腕の関節技であり、（右腕と左腕の違いはあるが）シナリオにほぼ一致している。

それにしても、最後の二人をのぞいて、シナリオ（および原作）と大幅に違うシーンがつくられたのは、どうしてなのか。

おそらくこれは、柔道場面の指導に当たった石黒敬七と佐藤金之助、とくに石黒の考えによるところが大きいと思われる。早大柔道部の主将として活躍した石黒は、大正一三（一九二四）年にフランスに渡り、パリに住んでモンパルナスに道場を開き、昭和八（一九三三）年に帰国するまで一〇年近く滞在、その間ルーマニア、イタリア、トルコ、エジプトなどでも柔道を教えた。石黒のエッセイ集『柔道千畳敷』（日本出版協同、一九五二年）によると、東宝の制作部長、森岩雄の依頼で柔道場面の指導を引き受けたものの、三四郎役の藤田も矢野正五郎役の大河内もまったく柔道を知らないので、とにかく藤田には山嵐だけを徹底的に教え込み、大河内には心明活殺流との闘いの場面を重点的に練習させたという。

シナリオ＝原作と映画とを比較すると、まず矢野の見せる技が多彩になっており、七人すべてを違った技で倒している。また、シナリオ＝原作では、六人中三人までを捨身技（巴投または隅返）で投げているが、映画では最後から二人目の相手だけになっている。みずから倒れる捨身技は決まれば鮮やかだが、相手が複数だとリスクも大きいから、このほうが自然であろう。この点について石黒は「多数を相手にする時、巴投〔あるいは隅返なども含めて捨身技〕は不利であり、敵前で寝るという法はないのであるが、〔最後の門馬との〕組討を入れるためにそういうことにした」と述べている。

実戦経験が豊富で、ヨーロッパ滞在中は異種格闘技の経験もある石黒の指導によって、この河岸の闘争シーンは、不自然な誇張や無理な動きの少ないスムーズなものとなり、しかもダイナミックな迫力にあふれた名場面となった。それは、程度の差こそあれ、ほかの闘技場面についても言えるであろう。

石黒は、パリ時代には画家の藤田嗣治らとも交流があり、絵画や写真など趣味も広く、帰国後は随筆家として活躍し、また一九四九年から足かけ二〇年間続いたＮＨＫラジオの人気番組「とんち教室」のレギュラーメンバーも務めるなど、才人として知られたが、映画『姿三四郎』の成功の隠れた功労者の一人としても記憶されてよいと思う。

付記

原作からの引用は富田常雄『姿三四郎』(新潮文庫版、上巻、一九七三年)、シナリオからの引用は『日本シナリオ文学全集3　黒澤明集』(理論社、一九五五年)に依る。

「いき」な対談

九鬼周造『「いき」の構造』をめぐる安田武さんと多田道太郎さんの対談がちくま学芸文庫で再刊された(『「いき」の構造』を読む』、二〇一五年)。私がこれを初めて読んだのは、もうずいぶん以前、今回の文庫版の前身である朝日選書版が出版されて間もない頃、一九七九年の春だったと思う。楽しく一気に読んだ記憶があり、今でもすぐに思い出せるお二人の発言もいくつかある。例えば、多田さんは対談の最初のほうで、一九三〇年に出た『「いき」の構造』が最近また若い人に読まれているらしいのはタイトルがよいからじゃないか、と言っている。『「甘え」の構造』のように、日常的な日本語のあとに「西洋風の難しい分析的な言葉」を置くタイトルが近年の売れ筋なのだが、『「いき」の構造』はそれを先取りしており、そういうところにも九鬼さんの「先見性」が見られるというのだ。

多田さんは言及していないが、「西洋風の分析的な言葉」のなかでも、この当時（一九七〇年代）とくに人気が高かったのが「構造」である。『「甘え」の構造』（一九七一年）は早い例だが、その後も『笑いの構造』『現代娯楽の構造』『日本人の知恵の構造』などなど、「構造」をタイトルに謳った本が続々と出版された。レヴィ＝ストロースらの「構造主義」が話題になっていたことの影響もあっただろう。しかしもちろん、書名における「構造」の大半は「構造主義」思想とは何の関係もなく、いわば単なる装飾語として使われていたにすぎない。装飾語としての「構造」は、硬い言葉ではあるが、まったく意味不明の専門用語というわけでもなく、「構造」がわかればその現象の仕組みが明快に理解できるかのように思わせる修辞的効果をもっていた。多田さんの発言の背後には、そういう当時の状況がある。

一方、安田さんの発言で印象に残っているのは、「酸いも甘いもかみわける」ということに関連して、「最近の人たちが天ぷらにレモンをかけて食う」のは「これこそ不粋中の不粋、何と野暮な食い方をするものかな」という慨嘆である。どうやら私も安田さんの言う「最近の人たち」の一人らしく、平気で天ぷらにレモンをかけて食べていたので、それを「不粋」「野暮」の極致と決めつけられて驚いた。驚いた結果、天ぷらにレモンをかけるのをやめたわけではないが、「日本には、柚子とかかぼすとかすだちといった、レモンなんかとは違う酸味がある」というのは、その通りだと思った。

＊　＊　＊

これらの発言からもわかるように、安田さんも多田さんも主として自分の経験や日常の生活実感にからめて『「いき」の構造』を読み、かつ議論している。それは、現実から遊離しない「生きた哲学」をめざした九鬼さんの意図にふさわしい読み方であろう。と同時に、そのことによってこの対話録は、具体性に富んだ読みやすさと独特のリズムを与えられ、肝心の『「いき」の構造』を離れてもそれなりに楽しく読める本になっていると思う。私自身、最初に本書を読んだときは、『「いき」の構造』をいちいち参照したりすることなく、うろ覚えのところはそのままにして、とにかく一気に読んだ。今回は、一応『「いき」の構造』（岩波文庫版）を手許に置き、ときおり参照しながら読んだので、いくつか新たに気づいた点もあった。しかし、それらはどちらかといえば細かい事柄であり、大筋における本書の「楽しさの構造」は変わらないように思われた。おそらく、『「いき」の構造』を読んだことがない、あるいはほとんど知らないという人でも、本書はそれなりに面白く読めるのではないか。

もちろん、経験や生活実感というものは人によってさまざまである。例えば、私を含めて多くの読者は、落語や歌舞伎に関して安田さんほど豊富な経験や知識をもっていないだろう。だから、そのあたりにかかわる安田さんのコメントのなかには、実感をもって理解しにくいものもあるに違いない。しかし、それはそれでよいのである。「へえ、そうなのか」と一応、安田さんの言うところを受け入れておいて別に支障はない。

経験や生活実感の違いはむろん安田さんと多田さんの間にもある。しかし本書では、その違いがむしろ互いに補い合うような形で働き、いわば相乗的な効果をもたらして、鮮やかな新解釈や鋭い批評に結びついていることが多い。実際、普通の「解説書」と思って読むと、意外なほど多くの新しい解釈や批評的・批判的なコメントに出会うことになるのだが、それもまた本書の魅力の一つであろう。

有名な「趣味の直六面体」図式に対しても、いくつかの新解釈と疑問が出されている。また、「いき」を構成する「媚態」「意気地」「諦め」の三契機のうち、「意気地」を武士道に、「諦め」を仏教思想に結びつける九鬼さんの考えはやや安易であり疑問があるという批評なども、九鬼説の根幹にかかわる指摘である。というのも、九鬼説によれば、「媚態」はむしろ通文化的なものであり、その「媚態」に「民族的、歴史的色彩」を与えて日本独特の「いき」の美意識を構成していく契機となるのが、武士道と仏教を背景とする「意気地」と「諦め」なのだから。

＊　＊　＊

斬新な解釈であれ大胆な批評であれ、安田さんと多田さんの生活感覚や考え方の違いが対話のなかでプラスの結果に結びつくことが多いのは、もともと二人の関係が、異なる立場を背負って論争したり、優劣を競ったりするようなものではなくて、長年の友人としてうちとけた会話を楽しむような関係であるからにほかならない。だから、二人の意見の違いが違いとして残る場合でも、ではどちらが正しいか決着をつけようという方向には進まない。

例えば「いき」の基調をなす「媚態」について、その「二元的可能性」という九鬼さんの発想は、

「歌舞伎で言う濡場」など日本文化の伝統のなかから得られたのだろうと言う安田さんに対し、多田さんは、二元論的発想というのはほんらい西洋文化に顕著なものだから「ヨーロッパふうの二元論が、日本にも美の形であるんだということを、九鬼さんは書きたかったのじゃないか」と反論する。日本文化、とりわけ化政期の江戸文化に共感と造詣の深い安田さんと、豊富な外遊経験や日本の学界での経験から九鬼周造のパーソナル・ヒストリーに共感的理解を示す多田さんとの意見の違いである。

だが、この違いは「論争」に進むことはなく、何となく曖昧な落着にいたる。その曖昧さを追及したり批判したりすることはたやすいが、それはおそらく「野暮」というものだろう。読者は、それぞれの知識や感覚に基づいて安田説・多田説のどちらかを選択してもよいし、どちらにも一理を認めて結論を保留してもよい。強いて決着をつけて「一元化」するより「可能性を可能性として擁護する」ほうが「いき」なのである。

「二元性」とか「二元的可能性」といった言葉は、「いき」という現象をとらえるためのキーワードとして『「いき」の構造』のなかでしばしば使われている。いくつかの例をランダムにあげるなら、「媚態とは、一元的の自己が自己に対して異性を措定《そてい》し、自己と異性との間に可能的関係を構成する二元的態度である」とか、「うすものを身にまとう」ことによる「異性への通路開放と通路閉鎖」の二元性とか、あるいはまた「流し目」や「抜き衣紋」などにみられる「一元的平衡を軽妙に打破して二元性を暗示するという形」、などなど。

多田さんはこれを少し拡張解釈して『「いき」の構造』を読むうえでのキーワードと考え、例えば日本とヨーロッパ、東京とパリ、江戸と上方、侍文化と町人文化、あるいはまた生活と哲学、歴史と構造（または範疇分析）といった二元性が「一元的平衡」に収斂することなく、緊張関係を保ちながら展開されるところに「この本の生き生きとした生命がある」としている。他方、安田さんのキーワードは「アンチリアリズム」である。「いき」は「実生活に大胆な括弧を施し……無目的なまた無関心な自律的遊戯をしている」という九鬼さんの記述を押さえながら、そこには反リアリズムの「虚の美学」があるとし、それを基本の視点として議論を進めていく。

言うなれば、多田さんには「二元的緊張関係」、安田さんには「虚の美学」という立脚点がある。そのことが、それぞれの経験や生活実感に根ざす自由闊達な語らいにそれなりの筋道を与え、無制限な脱線や拡散を防いでいる。

＊　＊　＊

さて、最後に「あとがき」である。本書を初めて読んだとき、天ぷらとレモンのほかに、もう一つ驚いたことがある。それは、二人の対話記録を本にするにあたって「全くといってよいほど手を加えることをしなかった」という「あとがき」の記述である。あとから修正や補足をすることなしに、これだけの対話ができたということにまず驚く。対話の速記録は九時間分に及んだという。その速記録を起こした原稿が、最初は『エナジー対話』第一〇号（エッソ・スタンダード石油広報部）として上梓され、次いで朝日選書として、より広汎な読者に向けて刊行された。しかし、その際にも「手直しの筆を加えたり、また文献を借りての補足といったいっさい、私たちはしなかった」という。その理由は「このかけがえない一冊の好著をめぐって、倦まず楽しく語りあかしたそのままを残すことに、深い意義を信じたからである」とされている。

しかし、それだけではあるまい。おそらく、あとからの「手直し」や「文献を借りての補足」は「野暮」である、少なくとも「いき」ではないという、いくらかの「やせ我慢」をともなう美意識の働きもあったと思われる。「慮外ながら安田・多田でござんす」という「意気地」と、「言い残したことに未練はござんせん」という恬淡たる「諦め」がここで暗に表明されているのではないか。その意味で、この「あとがき」は「いき」である。もっとも、わりに短い「あとがき」の半分近くを、修正・補足をしなかったことの説明に費やしているのは「いき」の美学からみてどうだろうかなどと、余計なことを考える人もいるかもしれないけれど。

＊　＊　＊

今や「まんがで読破」することさえできる『「いき」の構造』は、今後とも読み継がれ、さまざまに論じられ続けるであろう（『まんがで読破・「いき」の構造』イースト・プレス、二〇一二年）。しかし、本書のような読み方、論じ方ができるのは、安田さん、多田さんの世代が最後ではないかと思われる。お二人それぞれの個人的な感性や資質、そしてお二人の絶妙な組み合わせということだけでなく、世代的に見て、安田さん多田さんよりも若い世代には、もうこういう「いき」な芸当はむずかしいであろう。

多田さんは生活のなかでの「いき」の体験が九鬼さんなどより「はるかに薄い」と自認している。

これは、「いき」な遊びの経験の多寡だけでなく、一八八八年生まれの九鬼さんとの世代的相違、そして戦後日本の文化変容をも念頭においてのことである。とはいえ、多田さんも安田さんも、「いき」という美意識あるいは価値判断の規準がなお生活のなかに生きていた世代、九鬼さん流に言えば「いき」が「生き」かたの一部であった世代の人である。九鬼さんがそれなくしては「いき」の理解は困難とした「「いき」の意味体験」を、九鬼さんよりは「薄い」としても、とにかく生活経験のなかでもつことができた世代に属している。安田さんは一九二二年生まれ、多田さんは一九二四年生まれである。そして、お二人ともすでにおられない。

もはや類書があらわれることはないだろうという意味でも、本書は稀有の書である。

付　記

『「いき」の構造』からの引用は岩波文庫版（一九七九年）、安田・多田対談からの引用は朝日選書版（一九七九年）に依拠した。ちくま学芸文庫版は朝日選書版に基づいているが、そのままの再刊ではなく、細かい表現などについて修正や変更が施されている。

V　人と面影

想い出す二、三のことなど――作田啓一先生を偲ぶ

作田先生が西京大（現在の京都府立大）から京大教養部に移られたのは一九五九年である。一九五八年入学の私は教養部所属の二回生だった（当時は二年間の教養課程を終えてから各学部の専門課程に進むという制度）。しかし、一回生のときにすでに教養科目「社会学」の単位はとっていたので、新任の作田助教授の「社会学」を改めて受講することはなかった。先生の科目をとるようになったのは、専門課程（文学部社会学専攻）に進んでから、先生が学内非常勤講師として文学部で担当しておられた社会学仏書講読（テキストはデュルケム）が最初だったと思う。先生は教養部所属で一般教育担当であったから、文学部の卒論や修論の指導に関与されることはなかった。だから、制度上、私は作田先生の「弟子」とは言えないのだけれど、私の恣意的感覚から言えば、先生はやはり私にとってかけがえのない「師匠」である。

ここでは、本誌『ソシオロジ』が同人誌であることに甘えて、二、三の個人的な想い出を記すことにしたい。

一　勝負ごとのこと

先生は勝負ごとがお好きだった。とりわけ、麻雀と将棋を好まれた。私が学生・院生の頃、つまり先生が三〇代の終わりから四〇代の初めの頃、少なくとも週に一度くらいは対戦していたと思う。記録は残していないが、おそらく将棋では先生が少し勝ち越し、麻雀ではトントンか、私がいくらか勝ち越しであろう。ともかく好敵手であった。

麻雀のメンバーは多彩だった。私のような学生や院生、仲村祥一さんや小関三平さんら社会学教室関係者（私にとっては先輩）、多田道太郎さんや橋本峰雄さんらの人文研グループ、新聞や雑誌の記者・編集者などなど。麻雀は四人の遊びだから、ときにはうまく面子がそろわないこともあり、私が召集係を仰せつかることもあった。しかしどうやら、召集可能な人なら誰でもよい、というわけでもないらしかった。できればその人は避けたい、という先生なりの暗黙の基準があるらしいのだ。

例えば、安上がりを続けて何が何でも勝とうとする人。もちろん、そういう打ち方もルールに反するわけではないから、決して不正ではない。だが、先生の基準では、それは「雀品《ジャンピン》がよくない」のである。麻雀の勝ち方（あるいは負け方）にも品位・品格というものがある。先生によれば「勝負ごとは結果がすべてというのはその通りですが、だからといって、何が何でも勝てばよいというわけではないでしょう？」。

とにかく「雀品」のよくない相手を先生は好まれなかった。それは倫理的な基準というよりむしろ美的な基準であった。そしてまた、単に麻雀に限らず、先生の生き方そのものにかかわるような基準でもあったと思われる。

毎週のように麻雀をしていた頃から一〇年以上経って、一九七七年の秋、当時アメリカの大学に滞在していた私に先生がくださった手紙に、「今年の夏休みには、しばらく離れていた麻雀界に復帰しました」とあった。主として教養部の同僚の先生方を相手に、「決断力と粘着力（すぐには降りない工夫）を養うことを心がけました」とのこと。この年の春、先生は教養部長の任に就かれた。そこで「管理職というポストに必要なこの二つの能力」を「麻雀界への復帰」によって磨こうとしたのだが、その甲斐もなく……、と手紙は続くが、もと「召集係」の私としては、教養部の先生方の「雀品」はどうだったのか、それがまず気になったのであった。

二　社会学のこと

もともと私は大学院志望ではなかった。適当に卒業してマスコミ関係にでも就職しようと考えていたので、社会学関係の開講科目は必要な範囲でとっていたものの、社会学そのものについてはほとんどまともに勉強したことがなかった。卒論のテーマも「映画の社会学」としたので、映画関係の本ばかり読んでいた。ところが、肝心の卒業試験で必修科目の試験を受けそこない（一夜漬けで朝まで勉強していて寝過ごした)、単位が足りなくなって留年することになった。親の経済的負担を軽減すべく家庭教師のバイトを増やしたりしたが、それでも結構ヒマができたので、せっかくだから社会学を勉強してみようかと思い立って作田先生に相談した。一九六二年の初夏の頃だったと思う。

「社会学とはどういうものなのか知りたいので何かよい入門書を教えてください」とお願いすると、「ちょうど日本社会学会がつくった入門書(『現代社会学入門』有斐閣)が出たところだから、それを読むのも悪くはないけど、むしろヴェーバーの『プロ倫』、デュルケムの『宗教生活』、マートンの『社会理論と社会構造』を読んでみなさい。それで、社会学はどういうものかわかります」というのが先生の答えであった。デュルケムの『自殺論』も読むべきだが、翻訳が古いので、できれば原書で、とも付言された(もちろん宮島喬さんの翻訳はまだなかった)。さらに余力があれば、パーソンズの *Essays in Sociological Theory* も読んでごらん、とのことであった。

夏中かかってこれらの本を拾い読みした結果、社会学もなかなか面白いと私は思うようになり、翌年は大学院を受けることになるのだが、それはともかく、この三冊か四冊で社会学はわかりますという初学者への回答のなかに、先生の「社会学観」が示されていることもたしかであろう。それは、社会学という学問のいわば勘所を押さえたアドバイスであった。だが一方で、そういうオーソドックスな社会学の体系に、先生が必ずしも満足しておられないことも感じられた。

そのことはほぼ三〇年後に刊行された『生成の社会学をめざして』(有斐閣、一九九三年)の「まえがき」のなかで、次のように述べられている。「これまでの社会学の理論体系は……一般に特定のものごとについての経験の上に組み立てられてきた」。しかし私たちの経験のなかには、例えば「何かに夢中になっている」ときなどに感じられる「生きているという感じの経験」もあり、それは特定のものごとについての経験とは異なっている。そのため、「社会学の理論体系は「生きていること」自体の経験を大事にしている人々にとっては、自分たちに無縁の体系、空々しい体系と見えたのである。私もそのような人々の中の一人であって、長年のあいだ空疎な体系からの離脱を模索してきた」。

事実、私が学生・院生の頃から、先生は社会学へのそうした違和感をときおり口にされた。当時は「社会学の外へ出る」という言い方をよくされた（この言い方はマルクス主義社会学系の人たちも使っていたが、先生の言われる意味とは少し違っていただろう）。大学院に入って間もない頃だろうか、あるとき先生と話していて、ついうっかりと「やはり外へ出ないとダメですね」とか何とか安易な相槌を打つと、先生はさもおかしそうに「君はまだ入ってもいないのに、どうやって外に出るんですか？」——これには参った。そこには皮肉や揶揄のニュアンスはなく、単に事実の陳述という感じで、それはまさにその通りであったから、二人で大笑いしたことを憶えている。

またあるとき、ほぼ同じ頃だったと思うが、某先生の論文について話したことがあった。それは、これまでの行為理論を整理しながら今後の展望を述べた長い論文で、私にとってたいへん有益なものに思われた。公表されて間もない論文であったが、先生はすでに読んでおられ、私の高い評価に対して、「そうですね。もしあれが一〇年前に発表されていたら素晴らしい論文だったでしょうね」と言われた。このときも、皮肉や揶揄ではなく、事実を事実として淡々と述べるという感じであった。先生の専門家としての基準からすれば、そうとしか言いようがなかったのであろう。もっとも、「でもこれから勉強する人には役に立つ論文ですね」と、すぐに著者（某先生）と初学の読者（私）とをフォローしてくださったのだったが。

三　映画と文章作法のこと

文学はもちろんだが、先生は映画もお好きで、よく見ておられた。新しいものだけでなく、当時は名画座などでもなかなか見られなかったような、一九三〇年代フランスの古典的作品（ルネ・クレール、ジャック・フェデー、ジャン・ルノワール、ジュリアン・デュヴィヴィエらの最盛期の諸作品）などもたいてい見ておられた。

同じく映画好きだった院生の高橋三郎さんと三人で、手作りの映画評論同人誌をつくることになったのは、一九六二年、私が留年中のときである。押入れを捜してたしかめてみると、創刊号は一九六二年六月七日発行とある。先生は「フィルムの思い出(1)」として、フェデーの『外人部隊』（一九三三年）について書いておられる。私はジュールズ・ダッシンの『日曜はダメよ』（一九六〇年）について書いた。高橋さんのものは、同じダッシンの『裸の町』（一九四八年）の有名なラスト・シーンなどに触れながら、今後「追うものと追われるものと」について連載をするという宣言であった。

続く第二号に私はジョン・フォード『黄色いリボン』の評を書いたが、これを先生がほめてくださった。「前回は言わずもがなの部分がありましたが、今回はいいですね」。麻雀や将棋以外で初めて先生にほめていただいてうれしかったが、タネを明かせば、今回は創刊号の先生の『外人部隊』評を真似して書いたのである。

『外人部隊』の主人公ピエールは愛人フローランスに翻弄されて大金を横領し、パリを追放され、アルジェリアで外人部隊に身を投じるが、そこで「フローランスの裏返しであるところのイルマに出遭う。フローランスこそじつはイルマの裏返しであったのに。彼には表と裏とが逆になってしまった。こういう人間にとっては、人生はえそらごとのようにしか見えないのである」。だから、「ロゼーおばさんのトランプの運命占い」も「分かりのよくない観客」にピエールの運命を告知するためだけのエピソードではない。「虚構の虚構性をトランプ占いで象徴することによって、人生をえそらごとのように生きようとしたピエールの実在性を作者は主張したかったのだ」。

無駄のない文章である。「言わずもがなの部分」もない。こういう文章を書きたいと思い、その文体をひたすら模倣したのだから、多少とも先生のお気に召すような文章になったのであろう（もちろん、真似したことを悟られないよう十分注意はしたので、おそらく気づかれずに済んだかと思う）。いずれにせよ、「言わずもがなのことは書かない」というのは先生の文章作法の一つのポイントであった。

もう一つ、文章作法に関する先生の発言で印象に残っているものがある。「文章を書いていて、ここは重要だ、ここはアピールしたいというところにさしかかると、どうしても肩に力が入って、絶叫調になったり説教調になったり、ともかく文章が悪くなるから、そういうときこそ肩の力を抜いて、できるだけさりげない表現で書けるように心がけること」というのだ。これもまた、先生の文章作法の大事なポイントであったと思う。

もちろん実際には、言わずもがなのことは言わず、重要なことほどさりげなく述べながら、読者にわかりやすい良質な文章を書くということは、きわめてむずかしいことだ。無駄のなさとわかりやすさは必ずしも両立しない。作田先生もそのへんは十分に自覚しておられて、自分はどうも「くりかえし」や「いいかえ」(同じ命題を別の表現でくりかえすこと)が苦手で、そのほうが明らかにわかりやすくなると思われるような場合でも、なかなかそれができない、と言っておられた。また、自分の文章には余裕や遊びが乏しく、読者には「やや息苦しいかもしれない」とも。しかし、だからといって、それを改善しなければ、というふうでもなかった。文体というのはおそらく、ほとんど意識することなくからだが反応する「身体技法」のようなものなのだろう。だから簡単には「改善」できないし、また人それぞれのこだわりに応じて多様であってよい、と先生は考えておられたと思う。実際、自分の書いた文章に先生の基準を厳格に適用して「言わずもがなのことばかりだなあ」などと反省し始めたら、何も書けなくなってしまうに決まっている。

では、先生本人はご自分の文章のなかでどれがよいと思っておられたのだろうか。先生の最初の論集『恥の文化再考』(筑摩書房、一九六七年)が出版されて間もない頃、「内容は一応おくとして、文章としてよいのはどれですか?」と単刀直入に尋ねてみたことがある。「そんなこと自分ではわからないよ」と逃げ腰なので、やはり「恥の文化再考」(初出『思想の科学』一九六四年四月号)ですか、と重ねて追及すると、「どうかなあ、自分ではむしろ「死との和解」（初出『展望』一九六四年一二月号）のほうが文章としてはうまく書けたかなと思うけど……」という自己評価だった。

四　トリリングの本のこと

先生とご一緒した仕事のなかでは、やはり『命題コレクション 社会学』（筑摩書房、一九八六年、ちくま学芸文庫版、二〇一一年）が印象深い。一九八四年の初め頃、この本をつくるために、先生を中心に一〇人ほどの研究会をまずつくった。出版された本のどこにも記されていないけれども、研究会コアメンバーの何人かの間では、これを先生のご退職記念の本にしようという暗黙の了解があった。命題で構成された本をつくろうというのはもともと作田先生のアイディアであり、月に一回ほど開かれた研究会もたいへんうまくいったのだが、出版が近づいてタイトルを決める段になって、先生は「コレクション」という言葉に難色を示された。単に集めただけではない、というのである。しかし「弟子」たちは、お気持ちはわかるが、これぞといった代案もないし、「コレクションも、あっさりした感じで、なかなか今風でいいですよ」などと、結局、なお釈然としない様子の「師匠」を押し切ってしまった。

一九八五年の春、先生は二六年間にわたって在職された京大教養部を定年退職され、甲南女子大に移られた。そして同年秋には日本社会学会会長の任に就かれた。私も勤務先の大阪大学の仕事などが何かと忙しくなり、特段の用事もなしに先生にお会いする機会はだんだん減っていった。何よりも、ふらりとお訪ねできる京大の研究室がなくなってしまったことが大きかった。それでも、甲南女子大から帰られる途中、四条河原町近辺の喫茶店、例えば「フランソア」などでお会いして雑談する機会はときおりあった。昔のことを懐かしそうに話されることもあったが、そこに帰りたいという感じではまったくなかった。むしろ、絶えず先へ進もうとする意欲が感じられた。甲南女子大の大学院の講義で、社会学の新しい方向性を模索していることなどを、楽しそうに、そして肩の力を抜いて「さりげなく」話されることも多かった。前記の『生成の社会学をめざして』は、その講義をもとに書かれている。

一九九五年に先生は甲南女子大を退職された（さらにしばらく非常勤講師を勤められたが、一九九七年に退かれた）。しかし、その後もオーソドックスな「定着」の社会学に対する「生成」の社会学・人間学という「新しい方向」に沿って読書と思索を続けられ、その成果を同人誌『Becoming』に発表された。その一部は『生の欲動——神経症から倒錯へ』（みすず書房、二〇〇三年）や『現実界の探偵——文学と犯罪』（白水社、二〇一二年）として出版されている。先生はまた、知る人ぞ知る「激高老人のぶろぐ」（主として二〇〇七年一〇月まで）などによって、一般社会への発言も続けられた。

私は一九九六年に阪大から京大へ、そして二〇〇二年に甲南女子大に移った。しかしもちろん、京大にも甲南女子大にも、もはや作田研究室はなかった。けれども、二〇〇九年に私が甲南女子大を退職してしばらくすると、先生はハガキをくださり、「いくらか時間ができたでしょうから」と、亀山佳明さんや岡崎宏樹さんらと以前から続けてこられた研究会に誘ってくださったので、再び先生とほぼ定期的にお会いする機会ができた。半世紀前、学生・院生のときは、文学部や教育学部で先生が学内非常勤講師として担当された仏書講読や演習に週に一度出席していたが、今回はだいたい二か月に一度である。

こうして五年ほどが経ったある日、研究会のあとで「トリリングの *Sincerity and Authenticity* が手許にあったらちょっと貸してくれませんか?」と先生がおっしゃったので、「いいですよ、お送りしましょうか?」とお尋ねすると、「いやいや、それほど急いでないから、次のとき持ってきてもらえばいいよ」とのことだった。そういえば昔、先生や富永茂樹さんらが中心の「文学社会学研究会」でトリリングについて報告したことがあったなあと思いながら、帰宅後さっそくその本を捜し出して、いつでも持参できるように手近な本棚に移しておいたのだが、間もなく先生は入院されてしまい、お渡しする「次のとき」はついになかった。その本は今も、机のすぐ横の本棚の右端に立てられたままになっている。

追悼・作田啓一先生（一九二二〜二〇一六）

去る三月一五日、作田啓一先生が亡くなられた。先生は言うまでもなく戦後日本を代表する社会学者の一人であり、日本社会学会の活動に関しても『社会学評論』編集担当理事・編集長として、あるいは常務理事として貢献され、一九八五年から一九八八年にかけては会長職を勤められた。西京大学（現・京都府立大学）そして京都大学教養部で長らく教鞭をとられ、京大ご退職（一九八五年）後は甲南女子大学に移られ一九九五年三月まで勤められた。

たまたま筆者は、先生が西京大から京大に移られるのと前後して京大に入学するという幸運に恵まれ、学部学生のときから先生のご指導を受けることができた。とは言っても、先生は普通の意味での「指導」はなさらなかったし、そういう立場にもおられなかった。西京大でも京大でも先生は一般教育の社会学担当であったから、卒論や修論の指導に正式にタッチされることはなく、制度上正当に先生の「弟子」を名乗れる人は実はほとんどいないのである。甲南女子大時代の院生などを別にすれば、先生の弟子は、筆者を含めて、すべて「押しかけ弟子」であり、自称の弟子であるにすぎない。

「指導」はされなかったが、若い人の話はよく聴いてくださった。「修論でこういうことを書きたいのですが……」などと言って研究室をお訪ねすると、まずコーヒーを淹れてくださる。それからソファーにもたれて、ゆっくりと話を聴いてくださる。こちらの話が終わると、穏やかに二、三の短い質問やコメントをされる。言ってみれば、それだけのことなのだが、それだけで十分に励まされ、エンパワーされる効果があった。これはおそらく、「弟子」たちの誰もがそれぞれに体験していることだと思う。ときには「ゆうべ遅く吉田くんが電話してきてね、三時間近く話しましたよ」などとおっしゃることもあった。「話しました」とはいっても、ほとんどの時間、吉田（民人）さんが一方的に話していたことはまず間違いないであろう。

ちょうど筆者が修論について話を聴いていただいた頃、先生の「恥の文化再考」が『思想の科学』誌に発表された。中間集団論や日本人の集団所属に関する知見を踏まえながら、ベネディクトが強調した「恥」とは異なる「羞恥」の意味に注目した鮮やかな論考である。当時の作田先生は、パーソンズ理論の最も早い時期の紹介者の一人として知られていたが、同時にデュルケム、ジンメル、パーソンズ、マートンらの概念枠組みを巧みに用いて身近な日本の現実を分析するようなお仕事も多く、筆者などはむしろその方向に魅力を感じていた。「恥の文化再考」はその一例だが、同時に太宰治の愛読者でなければこれは書けない、という点でも印象深い論考であった。実際、文学や芸術についての深い素養を生かしながら、社会学と文学、論文とエッセイといった通念的な区別や境界を楽々と超えて往来されるスタイルは、いかにも先生ならではのもので、先生の著作全般にわたる顕著な特色ともなっている。

それは、アカデミックな領域での先生の代表作と目される『価値の社会学』（岩波書店、一九七二年）を見ても明らかである。もっとも、先生は本書が「代表作」と言われることを好まれなかった。さらに先へ進もうとしておられたからであろう。その成果の一つが一九八〇年に出版された『ジャン－ジャック・ルソー　市民と個人』（人文書院）であり、もし先生のお仕事を前期と後期とに分けるとしたら、本書が転換点と言えるのではないかと思う。

ルソーの「イデオロギーとパーソナリティの連関」を扱った本書のなかで、「防衛」志向、「超越」志向、「浸透（溶解）」志向という「行為を導く三基準」が定式化された。前の二つは、ヴェーバーの「目的合理性」と「価値合理性」にほぼ対応するが、最後の一つは先生独自の概念であり、これをさらに展開することで、日々の「特定のものごとについての経験」とは異なる「生きていること」自体の経験（「溶解体験」）が注目され、そのような経験から出発する社会学・人間学が構想されるにいたる（『生成の社会学をめざして』有斐閣、一九九三年）。甲南女子大ご退職後も先生はこの方向で読書と思索を続けられ、その成果を同人誌『Becoming』に執筆された。

もとより先生は、社会生活上の諸経験に基づくオーソドックスな社会学（先生のいわゆる「定着の社会学」）を一概に否定されたわけではない。先生のお仕事は両面にわたっており、その影響は両面にわたって今後とも持続するであろう。けれども、あの温容に接すること、そしてあれこれと話をきいていただくことは、もはやできない。

鉄腕アトムの個人授業

吉田民人さん（一九三一〜二〇〇九）に初めてお会いしたのは、一九六三年、私が大学院に入って間もない頃だったと思います。何かの折に、作田啓一先生が紹介してくださいました。同じ頃と思いますが、（吉田さんより年長の）ある先輩に「吉田さんってどんな人ですか？」と尋ねてみたことがあります。「そうやなあ、鉄腕アトムみたいな奴やな」というのが答えで、これはよく憶えています。

その後五年ほどして、一九六八年でしたか、吉田さんとほぼ毎週、お会いすることになりました。当時阪大教養部におられた吉田さんが、非常勤講師として京大文学部で「社会学特殊講義」を担当されたからです。その頃、私は助手でしたので、講義には出られませんでしたが、吉田さんは講義が終わるといつも助手室に立ち寄られます。そのとき「お疲れさまでした」と、お茶などを出すのが私の役目でした。二回目、あるいは三回目のときだったでしょうか、何気なく「きょうはどんなお話でしたか」と尋ねると、「きょうはねぇ……」と、その日の講義の内容を話してくださったのですが、これが何と二時間近くも止まらないのです。さすが鉄腕アトム、疲れを知りません。

そして次回からはそれが慣例となり、私は吉田さんの個人授業を一年近くにわたって受けることになりました（当時の講義は通年です）。内容は、その日の講義の要点プラスその補足や展開といったものだったようです。

なにせ聴き手は私ひとりですから、ときには吉田さんの言葉の流れが途切れるところを狙って、質問や反論もしてみるのですが、たいていは吉田理論のなかに巧妙に位置づけ直されてしまい、せいぜい壮大な論理体系のごく些細な部分にかかわる事柄として処理されてしまいます。いわば「鉄腕」に粉砕されて議論は連戦連敗でしたが、そのことも含めて、この吉田さんの個人授業は私にとって忘れがたい思い出です。一対一の贅沢な経験であり、得がたい修行でもあったと思います。

ゲンプーケンと多田道太郎さん

多田道太郎さんの『風俗学』は「ちくまぶっくす」の一冊として一九七八年の末に出版された。その「あとがき」は、ほぼ全面的に現代風俗研究会への謝辞に当てられており、例えば「現代風俗研究会が発足してから二年が経った。この本はその二年のあいだに、会の一隅であたためられ、育てられたものである」と述べられ、さらには「私の風俗学のすべては研究会に負うている」とさえ述べられている。しかし逆に、研究会そのものが多田さんに育てられ、多田さんに負うている面も大きいことは言うまでもない。

現代風俗研究会は、多田さんや鶴見俊輔さん、橋本峰雄さんらを発起人として一九七六年の秋に発足した。橋本さんが貫主をされていた京都鹿ケ谷の法然院で開かれた設立総会のことは、もうずいぶん前のことなのによく憶えている。まず「風俗学の方向」という多田さんの基調講演があり、続いて鶴見さん、宇野久夫さん、熊倉功夫さんらによるパネル・ディスカッションが行なわれた。組織面では、会長に桑原武夫先生が就任され、私は事務局の担当を命じられた。事務局の最初の仕事は、会員を確定し、会費を徴収することであったが、このときの会員登録はたしか六十数人であった。

その後しばらくして、私は米国に行くことになった。二年ほど滞在して一九七九年の春に京都に帰ってみると、驚いたことに、現代風俗研究会は五百人以上の会員を擁する大集団に成長し、現風研（ゲンプーケン）という略称もすっかり定着していた。そして、私は再びこの会の事務局を担当することになった。

現風研はもともと、京大人文科学研究所ふうの共同研究の流儀と、思想の科学研究会ふうの「めだかの学校」の流儀を受け継いでいる。前者は、学問の間の垣根をとり払い、また旧い講座制の権威主義を崩すことを試みた。そして後者は、学者と市民との間の垣根をとり払い、また老若男女の垣根もとり払って、誰が生徒か先生かわからない「めだかの学校」のような場をつくろうとした。だから現風研は、初めから学者や研究者以外の人びとの参加を歓迎し、多様な立場と視点から、そのときどきの風俗の観察と考察を楽しむことを活動の中心に置いてきた。

こうした現風研の活動とコミュニケーションが、多田さんの反アカデミズムの気分に合致するものであり、また実際にいろいろな形で多田さんの風俗学に養分を与えてきたことはたしかだろう。もちろん、多田さん自身も研究会でしばしば報告をし、コメントをしておられる。多田さんの話をきくのは楽しい。とくに「話はとびますが……」とか「突飛な話ですが……」といった前置きのあとが面白い。多田さんのスピーチにつきもののこれらのフレーズは、必ずしも謙遜や言い訳ではない。むしろ、自他ともに許す多田さんの話術の一部である。前記の設立総会の講演でも、多田さんは「私の話はすべて唐突、突飛という長所をもっているのです」と述べている。たしかにその通りであって、唐突とも見える飛躍のなかに鮮やかな洞察が示され、事象間の予想外の結びつきや意表をつく斬新な命題が提示されるというのが、多田さんの話術（あるいは思考術）の大きな魅力である。

もっとも、それらの結合関係や命題が、データや文献を用いてこと細かに実証されたり、論証されたりすることはまずない。これは、面倒なので手を抜いているということもあるだろうが、そうしたアカデミックな手続きにどれほどの意味があるのかという反問の姿勢に基づく面もあろう。先に「反アカデミズムの気分」と言ったが、多田さんのなかには「気分」よりももう少し強い、反アカデミズムの「意地」のようなものが感じられる。意地などという言葉は、まったく多田さんにふさわしくないと思われる向きもあろうが、それは多田さんがご自分について標榜する「軟弱」や「ずり落ち」のイデオロギーに目をくらまされているにすぎないように思う。

多田さんの風俗学は、常識的な意味では「学」とは言いがたいかもしれない。むしろ「芸」に近いようにも思われる。しかし実はそこにこそ、学問と芸術との境界をおぼろにしてゆく、多田さんなりの「学」のイメージがあるのかもしれない。

現風研は、設立以来一〇年間の活動を一つの節目として一九八七年に社団法人化されたが、翌一九八八年四月に桑原会長が亡くなられ、多田さんが会長に就任された。多田会長は近年しきりに、尊敬されるリーダーよりも笑われるリーダーをめざすのだ、と言っておられる。そしてたしかに、「まだらボケ」の「寝たふり老人」を自称して笑いを誘発し、その親和力を核として老若男女をうまく結んでいくことに、多田さんはかなり成功している。

この戦略の危険性は、共感的な笑いがいつの間にか嘲笑に「ずり落ち」てしまうことであるが、今のところその心配はないようだ。あるいはむしろ、その心配がないところに、多田さんの力量が示されている、というべきかもしれない。

付記

多田さんは一九九四年に会長を退かれ、二〇〇七年に亡くなられた。

革命的不誠実??

竹内成明さん（一九三三〜二〇一三）といつどのようにして知りあったのか、はっきりした記憶がない。たぶん一九六〇年代後半に、多田道太郎さんか、あるいは共同通信の石山幸基記者に紹介されて知りあったと思う。その頃、竹内さんはすでに『思想の科学』や『展望』にいくつかの論考を発表しており、若手の論客として注目されつつあった。

はじめは京大近辺ですれ違ったときに挨拶する程度だったが、一九七〇年の五月に前記の石山さんが「ジョージ・オーウェル研究会」を組織し、竹内さんも私もそのメンバーになったので、毎月のように会うようになり、つきあいが深まった。最初の会合はたしか教育文化センターで開かれたが、京大人文科学研究所の会議室なら所員は無料で借りられるというので、第二回以降は人文研分館の小会議室を会場とすることになり、人文研の助手であった竹内さんが会場係を引き受けてくれた。

この研究会には、多田道太郎さん、鶴見俊輔さん、横山貞子さん、橋本峰雄さん、野村修さんなど、いろいろな人が顔を見せたが、忙しい人が多く、皆さん毎回出席というわけにはいかない。しかし竹内さんは会場担当だから休むわけにはいかず、おそらく全回出席されたのではないか。寒い冬の日などは、竹内さんが早くからストーブをつけて部屋を暖め、準備しておいてくれる、というようなこともあった。

「オーウェル研究会会報」によると、竹内さんは第四回研究会（一九七〇年九月二六日）で『カタロニア讃歌』について報告している。戦争に参加しながら、英雄的行為などではなく、戦場の寒さとかシラミの多さとか、日常のことを具体的に書いている点、あるいは市民軍の規律のなさ、だらしなさを見て「これでは勝てない」と思いながらも「戦争の自動人形になるよりはましだ」と述べている点などに着目した竹内報告は、多田さん、鶴見さん、横山さんらの活発な討論を誘発した。

研究会のあとは石山さん、竹内さんらと飲みに行くことも多かった。竹内さんから、おいしい自家製餃子の焼き方について講釈を受けたのはこのときだったと思う。油を多めにひいたフライパンを十分に熱しておき、そこに生の餃子を投入して素早く蓋をする、この蓋をするタイミングが重要というのが竹内説で、何度も身振りでその「ジュ」（投入の音）と「パッ」（蓋をする）のタイミングを示してくれた。

オーウェル研究会は回を重ねて二年ほど続いた。途中、一九七一年五月に石山記者は共同通信大阪支社文化部から本社外信部に転属となり東京に移ったが、会のときには必ず京都に帰ってきて出席した。竹内さんは相変わらず会場係を務めてくれた。オーウェルの主要著作を読み終えて会を解散するとき、一九八四年に再び集まろうと皆で約束した。しかし、この会を組織した石山さんは、その後、共同通信社プノンペン支局長として紛争中のカンボジアへ赴任、一九七三年一〇月に、ゲリラ側の言う「解放区」（クメール・ルージュ支配地域）に取材に入り、そのまま消息を絶ってしまった。一九八四年の再会の約束は結局、果たされなかった（『石山幸基 未完の肖像』石山陽子私家版、一九八二年）。

オーウェル研究会と直接の関係はないが、竹内さんの最初の評論集『戦後思想への視角――主体と言語』（筑摩書房）が出版されたのは、オーウェル研究会解散の頃であった。改めて本の奥付をたしかめてみると、一九七二年四月三〇日発行とある。

同じ一九七二年の年末からは、共同通信社の「動詞人間学」という企画が始まり、ここでも竹内さんとご一緒することになった。この座談会の顔ぶれは、多田道太郎、作田啓一、橋本峰雄、竹内成明、それに私の五人。作田さん以外の四人がオーウェル研究会のメンバーである。だいたい月に一度のペースで集まって、日本語の動詞について議論し、各人が原稿用紙三枚（一二〇〇字）程度にまとめて新聞に連載するという企画であった。動詞の選択は前もって決まっているわけではなく、毎回、誰かが面白そうな動詞を提案する、あるいは誰かの提案に乗るという形で、とりあげる動詞と執筆者を決める。そのあと、一つの動詞に対して五人全員が勝手な思いつきを述べるわけだが、原稿は個人名を明記して掲載されるので、共同討議の内容をどの程度とりいれるかは執筆者の裁量に任される。一回の会合で五人分、つまり五個の動詞が検討される。このたいへん楽しい雑談の会は、二年近く続き、合計八五の動詞が取り上げられた。ちなみに竹内さんの執筆は、「うたう」「うむ」「おどる」「かう」「かく」「のむ」「はなす」「よむ」などで、私の「くどく」「あわてる」「おどける」などにくらべると、基本的な動詞が多い。なお、この企画は新聞連載終了後、『動詞人間学』という新書にまとめられた

（講談社現代新書、一九七五年）。

この動詞人間学座談会が進行していた頃、竹内さんは京大人文研助手から同志社大学助教授に転出された。また、私の最初の評論集『死にがいの喪失』が竹内さんの『戦後思想への視角』と同じ筑摩の評論シリーズの一冊として刊行され、竹内さんが『朝日ジャーナル』に書評を書いてくれたのも、この頃である。それからずいぶん時間が経って、一九八六年に竹内さんの『コミュニケーション物語』（人文書院）が出版されたとき、私は共同通信社配信の新聞書評を書いた。竹内さんから久しぶりに電話をもらったことを憶えている。竹内さんの著書としては、もちろんその前に『闊達な愚者』（れんが書房新社、一九八〇年）があるのだが、このときは私にはどこからも書評の依頼がなかった。

私が最も頻繁に竹内さんに会い、話し、飲みに行ったりしていたのは、一九七〇年代の前半期である。オーウェル研究会、動詞人間学の会合のほかに、『コミュニケーション思想史』という本の打合せなどという機会もあった。当時、江藤文夫・鶴見俊輔・山本明の三氏を編集委員とする「講座・コミュニケーション」（全六巻、研究社）という企画があり、竹内さんも私も、その第一巻『コミュニケーション思想史』に書くことになっていた。そのための打合せということで、山本明さんや松本勤さんも交えて何度か集まった。たいてい雑談に終始したように思うが、本は一九七三年一一月に無事出版された。竹内さんは、「商業的世界のコミュニケーション形態とアダム・スミス」「社会主義運動のコミュニケーション論――プルードンとマルクス」「帝国主義への抵抗とガンジーのコミュニケーション論」という三篇の力作をこの本に書いている。

一九六〇年代の終わりから七〇年代の前半期というのは、いわゆる大学闘争や七〇年安保の時代であり、何かと騒がしく、それだけに活気のある時期でもあった。その当時、竹内成明さんについて、一つのエピソード（あるいは、うわさ）が流布していた。あるとき、全共闘の学生たちと議論していた竹内さんが、彼らのある行動について、あれは不誠実ではないかと批判した。それに対して学生たちが、あの行動は戦略的に選択された必然であり、いわば「革命的不誠実」として容認されるのだと反論したところ、竹内さんは「革命的であれ何であれ、不誠実はいかん！」と一喝した、というのである。私はその場にいたわけではないので、この話の真偽のほどはわからない。真偽のほどは保証できないが、いかにも竹内さんらしいエピソードとしてここに書きとめておきたい。

悠揚の人

丸山君、去年のちょうど今頃、偶然、京大で会いましたね。君は会議の途中だったので、廊下でちょっと立ち話をしただけで「じゃ、また」と別れましたが、きょうここでこういう形で君を送ることになるなどとは、まったく思いもよりませんでした。たしか君は私より二つくらい若いはずですし、学年も学部のときは私のほうが一年上でした。ただ、私は一年留年したので、卒業は同じ年度になり、大学院では同じ学年になりました。

文字通り机を並べて大学院の入試を受けましたね。憶えてますか。一九六三年の二月でしたから、もう半世紀以上も前のことになります。このとき四人が入試をパスしたのですが、あとで聞くと、一次の筆記試験の点数は私が四人中三番目で、君は二番目だったそうです。ここで一番ではないところが、われわれ二人のよいところですね。

君の研究テーマは、学部時代から一貫して都市社会学で、修士論文も現代大都市の社会構造に関するものでした。しかし、のちの水俣病研究などにも示されているように、君の関心の幅は広く、現代社会と現代社会学一般にわたっていました。だから、いろいろな研究会などにも積極的に参加していましたね。当時の京大社会学研究室では、院生が中心になってさまざまな研究会が組織され、活動していました。とくに二つの研究会が印象に残っています。

一つは、マス・コミュニケーション研究会です。これは、一九六四年に京都放送からの委託研究の受け皿としてつくられた研究会で、君と私が中心となり、学部学生諸君の参加も得てカー・ラジオに関する調査を実施し、『京都市におけるカー・ラジオ聴取の状況』という報告書をまとめました。当時としては先駆的な調査でした。かなり大規模な調査でしたから、データの処理がたいへんでした。なにせパンチカードを振り落す手集計の時代です。この手間と時間のかかるデータ処理の仕事を粘り強く、黙々とこなしていた君の姿をよく憶えています。

もう一つの研究会は、自分の研究領域に関連する外国のジャーナルなどの論文を紹介しあうという会で、これはたしか一九六六年の春に発足しました。最初は、君と私、それに石川実さん、高橋三郎さんの四人くらいで始めたのですが、間もなく磯部卓三さんや大村英昭さん、竹内洋さんらも加わって賑やかになり、「流行に遅れないための海外文献研究会」などと呼ばれるようになりました。この研究会は、君が熊本大学に赴任して出席できなくなってからも継続し、趣旨や形を変えながら、なんと現在もなお、京都で二か月に一度のペースで開かれ続けています。ひと月ほど前、二月二一日にこの研究会があったのですが、石川さん、磯部さん、大村さんはじめ皆が、少し早すぎる君との別れを残念がっていました。

私が最も頻繁に君と会い、喋り、ときには将棋を指したり、飲みに行ったりしていたのは、大学院入学から五年くらいの間だったと思います。その間に君は結婚されましたが、その後もときおりお宅で夕食をご馳走になるなど、奥様にもいろいろご迷惑をおかけしました。でも、君自身はあまり気にしていない様子でしたね。若い頃から、君には、いわば悠揚せまらぬ大人《たいじん》の風格があり、例えば将棋などでも、勝敗にこだわらず悠々と楽しく指している感じがありました。そして、それは君のライフスタイル、生き方でもありました。だからこそ、君には独特の人徳があり人望があり、暗黙のうちに研究会などをまとめていく力にもなっていたのだと思います。

君が熊本大学に赴任されてからは、会う機会はずいぶん減りましたが、熊大の集中講義に招いてもらったり、日本社会学会の理事会で一緒に仕事をしたりと、つきあいは続きました。近年では、三年前、二〇一二年三月に熊本大学で日本スポーツ社会学会が開かれた折に、一晩ゆっくり二人で飲みながらあれこれ話したのが楽しい思い出です。

五〇年以上にわたる長い、そして楽しいつきあいの記憶のなかで、君を送りたいと思います。若いときに君と知りあい、研究の姿勢や生き方について私なりに君からいろいろと学ぶことができたのは、私にとって本当に幸運でした。いま、しみじみそう思います。

丸山君、ありがとう。さようなら。

付記

「丸山定巳先生お別れ会」（二〇一五年三月二八日、熊本大学）において「お別れの言葉」として述べた。

「自然な動き」をつくる——三船久蔵十段

天才的な柔道家として知られた三船久蔵十段（一八八三〜一九六五）は、郷里の高校（仙台二高＝旧制仙台二中）の先輩で、何度かお会いしたことがあります。最後にお目にかかったのは一九六〇年頃でしょうか。京都の大学から帰省する途中、講道館にお訪ねしました。

そのとき三船さんは、柔道で最も大切なのは「自然に動く」ということだ、と話されました。これには二つの意味があって、一つは相手の力に逆らうことなく自然な動きを保つということ。そうでなければ、力と力の対決となり、結局からだが大きくて力の強い者が勝つことになってしまう。

もう一つは、意識したり考えたりすることなく自然にからだが動くということ。意識的にからだを動かして勝てるのは、実力にかなり差がある場合だけで、実力伯仲の相手に勝つときは、知らないうちに自然にからだが動いて相手を倒すのであり、したがってそういう「動き」を自分のなかにつくっていくために修練を積むのだ、というのです。

これは、武道の極意であるとともに、人生の極意でもあろうかと思います。当時すでに八〇歳に近かった小柄な老武道家の風格は忘れがたく、どうやら私はそのとき以来、「自然体」で生きることへの憧れを抱き続けることになったようです。

あとがき

この本は、有能な編集者であり長年の友人でもある秋山洋一さん（書肆クラルテ）との折々の雑談から生まれました。秋山さんが席主を務める囲碁サロンのすぐ隣の喫茶店で、カレーを食べコーヒーを飲みながらあれこれ雑談するうちに、何となく本書の骨組みができていきました。

骨組みといっても、ご覧のように、きちんとしたものではありません。論文に近いものから日常雑感のようなもの、あるいは「わが師の恩」に関するものなども含めて、内容にまとまりを欠き、何やら雑然としています。タイトルを「界隈」とした一つの理由です。

常套的な用語法なら「文化社会学の周辺」といったところかと思いますが、「周辺」は「中心」の対立語としてのニュアンスも強く、何となく淋しい感じがします。「界隈」なら雑然としてはいても、それなりに賑わいや活気も感じられるのではないでしょうか。

私は自分の専門分野として「文化社会学」を標榜してきましたが、実は「文化社会学とは何か」といった本格的な論文はないのです。いわば文化社会学という領域の「界隈」を気の向くままにぶらぶら歩いてきたにすぎないようにも思います。こうした界隈散策には、しかし、メインストリートを歩くのとはまた違った楽しさがあります。

ここに集めたエッセイはすべて何らかの形ですでに発表されているものですが、今回の収載にあたり、重複部分を省略・調整したり、表現を少し変えたりした場合があります。また、引用・参照の文献データなどは、現時点での入手のしやすさなども考慮して更新し、かつ簡略化しました。なるべく近年のエッセイを集めましたが、全体の構成の都合上、古いものもいくつか入れました。各稿の初出については、末尾の「初出覚書」に示した通りです。初出時にお世話になった編集者の方々、あるいは編集を担当された先生方にお礼を申し上げます。また、このような形での再録を認めてくださった出版社、新聞社、学会などにも感謝いたします。

雑談由来のイメージに具体的な本としての形を与えてくださった世界思想社さんには昔からお世話になっていますが、今回もまた周到な配慮をもって本書を編集・制作してくださいました。厚くお礼を申し上げます。

二〇一九年三月

井上　俊

初出覚書

I

社会学と文学……『社会学評論』五九巻一号、日本社会学会・有斐閣、二〇〇八

悪夢の選択……『現代社会学』八巻二号、現代社会学会議・講談社、一九八一

初期シカゴ学派と文学……（原題：『シスター・キャリー』と初期シカゴ学派）『哲学研究』五七二号、京都哲学会・創文社、二〇〇一

II

「芸術型」文化としてのスポーツ……（原題：「文化としてのスポーツ」）井上俊・亀山佳明編『スポーツ文化を学ぶ人のために』世界思想社、一九九九

武道とポピュラー文化……『武道学研究』五〇巻三号、日本武道学会、二〇一八

身体知の世界……（原題：身体知をめぐって）大橋良介・高橋三郎・高橋由典編『学問の小径』世界思想社、二〇〇六

III

「たらい兜」のコミュニケーション……（原題：対話というコミュニケーション）長谷正人・奥村隆編『コミュニケーションの社会学』有斐閣、二〇〇九
感情と社会……（原題：感じる私——感情の社会学）井上俊・船津衛編『自己と他者の社会学』有斐閣、二〇〇五
物語としての人生……『岩波講座現代社会学5　ライフコースの社会学』岩波書店、一九九六

IV

キライワード辞典……『京都新聞』（夕刊・現代のことば）一九九六・七・一五
いもづる式……『京都新聞』（夕刊・現代のことば）一九九七・三・二一
「正しい」孤独死……（原題：孤独死——かすかなほほ笑みとともに）井上俊・永井良和編『今どきコトバ事情』ミネルヴァ書房、二〇一六
ペットロス……同右
無法松の運動会……『京都新聞』（夕刊・現代のことば）一九九五・九・二〇
『姿三四郎』の闘技シーン……（原題：『姿三四郎』の周辺）『本郷』五二号、吉川弘文館、二〇〇四
「いき」な対談……（原題：解説・「生きた哲学」をめぐる「いき」な語らい）安田武・多田道太郎『『「いき」の構造』を読む』ちくま学芸文庫、二〇一五

V

想い出す二、三のことなど……『ソシオロジ』六一巻二号、社会学研究会・行路社、二〇一六

追悼・作田啓一先生……『日本社会学会ニュース』二一八号、日本社会学会、二〇一六
鉄腕アトムの個人授業……（原題：吉田さんの個人授業）「吉田民人先生を語る会」呼びかけ人一同編・発行『吉田民人先生の想い出』二〇一〇
ゲンプーケンと多田道太郎さん……（原題：ゲンプーケンにおける多田道太郎氏）「月報」『多田道太郎著作集5 現代風俗ノート』筑摩書房、一九九四
革命的不誠実??……竹内禮子ほか編・発行『闊達な愚者 竹内成明先生追想集』二〇一四
悠揚の人……（原題：お別れの言葉 三）丸山定巳先生お別れ会実行委員会編・発行『丸山定巳先生お別れ会の記録』二〇一五
「自然な動き」をつくる――三船久蔵十段……（原題：忘れがたき人・三船久蔵）『ＡＥＲＡ Ｍｏｏｋ 12 社会学がわかる。』朝日新聞社、一九九六

ま　行

や　行

ら　行

わ　行

A-Z

た　行

な　行

は　行

タイトル索引

著者紹介

井上　俊（いのうえ　しゅん）

略　歴　1963年，京都大学文学部（社会学専攻）卒。京都大学助手，神戸商科大学講師，大阪大学助教授・教授，京都大学教授，甲南女子大学教授，関西大学客員教授などを経て，現在，大阪大学名誉教授。

専　攻　文化社会学

著　書　『死にがいの喪失』（筑摩書房）
『遊びの社会学』（世界思想社）
『悪夢の選択――文明の社会学』（筑摩書房）
『スポーツと芸術の社会学』（世界思想社）
『武道の誕生』（吉川弘文館）など。

編　著　『〔全訂新版〕現代文化を学ぶ人のために』（世界思想社）
『命題コレクション 社会学』（共編・作田啓一，ちくま学芸文庫）
『自己と他者の社会学』（共編・船津衛，有斐閣）
『社会学ベーシックス』（全10巻・別巻１，共編・伊藤公雄，世界思想社）
『文化社会学入門』（共編・長谷正人，ミネルヴァ書房）
『よくわかるスポーツ文化論』（共編・菊幸一，ミネルヴァ書房）
『別れの文化――生と死の宗教社会学』（共編・大村英昭，書肆クラルテ）など。

訳　書　D. プラース『日本人の生き方』（共訳・杉野目康子，岩波書店）
R. コリンズ『脱常識の社会学・第二版』（共訳・磯部卓三，岩波現代文庫）
など。

文化社会学界隈

2019年５月20日　第１刷発行

定価はカバーに
表示しています

著　者　井　上　　俊
発行者　上　原　寿　明

世界思想社
京都市左京区岩倉南桑原町 56　〒606-0031
電話　075(721)6500
振替　01000-6-2908
http://sekaishisosha.jp/

（共同印刷工業・藤沢製本）

ISBN978-4-7907-1728-7